MEINE ERSTE EIGENE WOHNUNG

333 Tipps zum Umziehen, Einziehen, Wohlfühlen

CHRISTIAN EIGNER

SO FUNKTIONIERT DAS BUCH

Adios, Wohnheim, WG oder Hotel Mama – hallo, eigene Wohnung. War zwar gemütlich, so in der Komfortzone – doch jetzt beginnen Job, Ausbildung, Studium oder Freiwilligendienst – und für dich ein neuer Lebensabschnitt: Du ziehst um und stellst dich bei der Gelegenheit wohnungstechnisch auf eigene Füße. Du bist erst 20? Ganz schön früh dran. Du bist schon 30? So kann's halt laufen. Du hast eine Bleibe zumindest in Aussicht – und eine ganze Menge Fragen: Muss ich alles schlucken, was im Mietvertrag steht? Darf ich untervermieten? Wo bekomme ich günstige Möbel? Wie kriege ich das mit dem Putzen hin? Was tun, damit ich fern der Heimat nicht vereinsame?

 erspart dir so manchen Anruf bei den Eltern, wenn es zum Beispiel darum geht, wie man einen Umzug plant, eine Schraube eindübelt oder das richtige Waschprogramm einstellt. Außerdem kannst du mit unseren Tipps eine Menge Geld sparen. Du erfährst, wie du am besten Strom sparst, wie du mit fünf Putzmitteln deine ganze Wohnung sauber bekommst und findest eine Anleitung zum Bau eines Lattenrostes. Damit du von Beginn an den Überblick behältst, gibt es auch Tipps zum Ummelden, Ordnung halten und Organisieren von Dokumenten.

> Den Mietvertrag umtexten? Nägel in eine Betonwand hauen? Die Nachbarn ignorieren? **BESSER NICHT!** Was du dir schenken solltest, steht auf der linken Buchseite.

Praxistipps für jeden Bereich

Dieses Buch macht dich fit in all diesen Praxisfragen. Es soll dich in der Zeit vor und nach deinem Umzug begleiten und dir helfen, auch dann gelassen zu bleiben, wenn's mal drunter und drüber geht. Es

Sprechende Bilder, dazu kompakte Texte

Optimal für den schnellen Überblick ist unser Doppelseiten-Prinzip: In allen Kapiteln des Buches stößt du auf Seitenpaare mit sprechenden Bildern – ergänzt durch kompakte, prägnante Texte. Die linke Seite zeigt einen Irrtum oder eine mittelprächtige Lösung – auf der rechten Seite siehst du, wie es richtig oder besser geht. In den „Sprechblasen" auf beiden Seiten findest du zusätzliche Infos und Tipps zum Thema.

Expertenwissen angezapft

„Meine erste eigene Wohnung" deckt fast alle Bereiche des Mieterlebens ab – von juristischen Fragen über handwerkliche Tätigkeiten und Haushaltstipps bis zu den Geheimnissen eines gelungenen Zusammenlebens mit Nachbarn und Vermieter. Dafür haben wir das über viele Jahre gesammelte Wissen der Redaktionen von test und Finanztest gesichtet, mit Experten gesprochen und die Quintessenz jedes Themengebietes in dieses Buch gepackt. Wann immer möglich, wurden die Ergebnisse aktueller Tests berücksichtigt, etwa zu den Themen Matratzenkauf und Energiesparlampen. Willst du tiefer in bestimmte Untersuchungen einsteigen oder in unseren Magazinen veröffentlichte Meldungen und Reports zu einem Thema sichten, wirst du auf test.de fündig: Vieles ist kostenlos zugänglich, anderes lässt sich gegen geringes Entgelt downloaden.

Unwirksame Klauseln im Mietvertrag aufspüren? Eins-a-Löcher in die Wand bohren? Die Nachbarn um Hilfe bitten? **VIEL BESSER!** Wie du alle Aufgaben souverän meisterst, steht auf der rechten Seite. Zum Nachahmen empfohlen!

Crashkurs und Nachschlagwerk

Wie du dieses Buch nutzt, ist letztlich dir überlassen: Du kannst es von vorn bis hinten durchlesen – sozusagen als Crashkurs

für dein künftiges Dasein als mündiger Mieter – oder gezielt bestimmte Themen ansteuern, die dich gerade besonders interessieren. Beim schnellen Zugriff helfen dir Inhaltsverzeichnis und Stichwortregister. Die ersten fünf Kapitel des Buches widmen sich – in mehr oder weniger chronologischer Reihenfolge – den Aufgaben, vor denen du rund um deinen Umzug stehen wirst. In Kapitel sechs haben wir unabhängige Institutionen zusammengestellt, auf deren Internetseiten du weitere Informationen zu vielen Themen findest.

Fehlschläge gehören einfach zum Leben dazu

So viel vorab. Jetzt viel Spaß beim Lesen und Entdecken. Vor allem aber: Hals- und Beinbruch in deiner Wohnung! Manche Falle und manches Fettnäpfchen wirst du mithilfe der folgenden Seiten umgehen können – andere nicht. Das ist normal und gehört zum Leben. Wichtig ist, dass du dich von Misserfolgen nicht umwerfen lässt und es beim nächsten Mal besser machst. Und zieht es dich doch mal zurück in die alte Komfortzone, denk daran: Unabhängigkeit ist unbezahlbar.

INHALTSVERZEICHNIS

Einrichten, einleben, wohlfühlen

Harmonieren, diskutieren, kritisieren

Service

Wer als Miet-Neuling eine schöne und bezahlbare Wohnung ergattert, hat den Hauptgewinn gezogen. Trotzdem heißt es, kühlen Kopf zu bewahren: Der Mietvertrag bürdet dir haufenweise Pflichten auf – nicht alle sind zulässig. Auch bei der Suche nach Anbietern für Strom und Internet verheddert sich mancher im Tarifdschungel. Da ist es gut, seine Rechte zu kennen.

PLANEN,
CHECKEN,
UNTERSCHREIBEN

EINE EIGENE WOHNUNG – UND DAS LEBEN BEGINNT

Gratulation – du hast die Wohnung! Deine erste eigene. Das fühlt sich wahrscheinlich wie ein Hauptgewinn an. Jetzt nur noch den Mietvertrag unterschreiben, dann bestimmst du selbst, was in deiner Wohnung passiert – und wer außer dir darin wohnt. Eltern? Können gern zu Besuch kommen. Mitbewohner? Nur, wenn du es willst. Gäste? Immer her damit. Bevor du abhebst: Du bist als Hauptmieter auch für alles verantwortlich. Zahlst du die Miete nicht pünktlich oder richtest in der Wohnung Schäden an, musst du dafür geradestehen. Deshalb vergiss vor lauter Euphorie nicht, von Beginn an deinen Kopf anzuschalten.

1. Checke deinen Mietvertrag

Da liegt er auf dem Tisch, der Mietvertrag. Die meisten Vermieter verwenden dafür ein vorgedrucktes Formular. Würdest du jetzt anfangen, über einzelne Punkte zu diskutieren, wird es wahrscheinlich doch nichts mit der Wohnung. Also: Augen zu und unterschreiben. Lies dir aber auf jeden Fall durch, was du absegnest – immerhin geht es um deine künftigen Pflichten. Der Vermieter will vor allem, dass seine Mieter nicht ausflippen und dass keine Klagen kommen. Deshalb enthalten Formularverträge viele Verbote. Nicht alle musst du beachten: Klauseln, die dich, wie Juristen es ausdrücken, „unangemessen benachteiligen", sind trotz Unterschrift unwirksam.

2. Kläre das Thema „Untermieter"

Ist die Wohnung zu groß oder zu teuer für dich allein? Macht nichts, ein Zimmer bekommst du immer untervermietet. Der Haken: Dafür brauchst du die Erlaubnis des Vermieters – sonst riskierst du die Kündigung. Hast du dir eine teure Wohnung bereits mit dem Plan gesucht, einen Teil unterzuvermieten, kann der Vermieter ablehnen, wenn er möchte, dass alle Bewohner Hauptmieter werden und für die Miete haften. Nicht ablehnen darf er den Untermieter, wenn du ihn erst später präsentierst und einen plausiblen Grund anführen kannst. Tipp: Bis zu sechs Wochen geht ein Mitbewohner meist als Gast durch.

3. Augen auf bei der Übernahme

Auch wenn der Vermieter oder der Vertreter von der Hausverwaltung super sympathisch wirken und die Wohnung ein Traum ist: Zum Übernahmetermin solltest du deine rosa Brille absetzen und die Lupe auspacken. Gehe in Ruhe und bei Tageslicht durch die Räume und protokolliere gemeinsam mit dem Vermieter oder Hausverwalter deren Zustand. Anschließend unterschreibt ihr beide das Protokoll. Wichtig: Auch wenn du den Sprung im Waschbecken und den Kratzer im Parkett nicht schlimm findest – bestehe darauf, dass alles notiert wird. Für den Fall, dass der Vermieter kein Übernahmeprotokoll mitbringt, lädst du dir vorher aus dem Internet selbst einen Vordruck herunter und druckst ihn aus. Und vergiss nicht: Mängel, die im Protokoll nicht detailliert beschrieben sind, musst du beim Auszug auf eigene Kosten beseitigen lassen.

4. Lerne deine Wohnung kennen

Du bist eher in der digitalen Welt zu Hause? Hilft nichts – bald musst du dich mit einer Menge analoger Dinge herumschlagen: Wände streichen, Löcher bohren, Kabel verlegen. So lange die Wohnung noch leer steht, kannst du vieles bequem erledigen – und die Zimmer in Ruhe checken. Beispiel? Nie wieder ist die Gelegenheit so günstig, um die Wohnfläche nachzumessen. Ist sie um mehr als 10 Prozent kleiner, als der Vermieter angegeben hat, kannst du die Miete mindern. Merke dir auch, wo sich Strom- und Wasserzähler befinden – damit du keine Probleme hast, wenn irgendwann der Ableser kommt. Auch den Sicherungskasten solltest du im Schlaf finden – du brauchst ihn spätestens, wenn du Lampen anbringen willst.

5. Besorge dir Strom und Internet

Informiere dich, welche Anbieter dir am neuen Wohnort Internet liefern können, und vergleiche die Preise. In der Regel musst du eine Festnetz-Flat mitkaufen – auch wenn du nur mit dem Handy telefonierst. Lief der Vertrag deiner alten WG auf deinen Namen, kümmere dich darum, dass er umgeschrieben wird. Dasselbe gilt für den Stromanbieter: Warst du schon als Kunde registriert, musst du klären, ob du den Vertrag mitnimmst oder einen neuen Vertrag abschließt. Übrigens: Ziehst du ohne Stromvertrag in die neue Wohnung ein, dann landest du automatisch in der „Grundversorgung". Und die kann richtig teuer sein.

6. Mach dir einen Plan

Raus aus dem „Hotel Mama", der Studi-WG oder dem Wohnheimzimmer– und rein in die eigene Wohnung. Du ziehst vielleicht in eine andere Stadt und fängst dort deinen ersten Job an. In jedem Fall hast du bald einen Umzug zu bewältigen. Vorher müssen die neue Wohnung bezugsfertig und die alte Bleibe geräumt sein. Was du brauchst, ist ein To-do-Countdown. Den musst du dir nicht einmal selbst ausdenken – das Netz steckt voller Umzugsplaner.

WAS SO AUF DICH ZUKOMMT

Feierabend. Du bist müde, gestresst, hast Hunger – und der Kühlschrank ist leer. Holst du dir eben einen Döner. Oder lässt dir eine Pizza bringen. Gesund? So mittel. Preiswert? Nicht wirklich. Lecker? Kommt drauf an. Klar wäre es besser, abends etwas zu kochen, sich Brote zu belegen oder einen Smoothie zu mixen. Doch wer kauft die Sachen ein? Immer der, der fragt – also du. Ab jetzt gilt: Lerne neue Seiten an dir kennen – und überrasche dich mit deinen Talenten!

Du wirst Chefeinkäufer ...

Beispiel Einkaufen: Geh einmal pro Woche in den Supermarkt oder Bioladen und kaufe die Basics: Nudeln, Reis, Hirse, Bulgur, Linsen in Trockenform – dazu Tomaten, Bohnen, Mais in Dosen. Fülle dein Tiefkühlfach mit Gemüse, Beerenobst und Suppen für Notfälle. Plus Essig, Öl, Senf, Parmesan, Gewürze. Mit diesen Zutaten kommst du ganz schön weit. Hast du Zeit und Lust, leistest du dir ab und zu ein paar frische Extras wie Pilze, Fleisch oder Fisch.

... und Haushaltsprofi

Ob du einkaufen gehst oder nicht, entscheidest du ganz allein. Ob du die Wohnung lüftest und heizt, liegt auch in deiner Hand. Tust du es nicht, kann es teuer werden, denn dein Mietvertrag verpflichtet dich, das Eigentum des Vermieters vor Schäden zu bewahren. Zu viel Feuchtigkeit in der Luft führt zu Schimmel an den Wänden. Der ist ungesund und kann die Bausubstanz angreifen. Musst du beim Auszug eine Sanierung bezahlen, siehst du deine Kaution wahrscheinlich nie wieder. Hast du laut Vertrag weitere Pflichten, etwa die „Kehrwoche" oder Schneeräumen im Winter, nimm sie ernst. Sind keine weiteren Pflichten vermerkt – Glück gehabt.

... und Heimwerkermeister

Bohren, Schrauben, Hämmern – du hast keinen Plan und Papa kann am Telefon so schlecht erklären? Nur die Ruhe, du schaffst das. Zum Beispiel, indem du unsere Tipps ab Seite 84 beherzigst. Den Kleiderschrank kannst du dir für eine Servicepauschale aufbauen lassen, den Geschirrspüler schließt dir der Hausmeister an.

... und Finanzexperte

Miete, Strom, Internet sind monatlich zu bezahlen. Für die Miete richtest du einen Dauerauftrag ein, für wechselnde Rechnungsbeträge erteilst du Einzugsermächtigungen. Checke regelmäßig auf den Kontoauszügen, ob alle Beträge korrekt vom Konto abgehen.

HITLISTE

Heizen + lüften
16 Grad Mindesttemperatur, 2-mal am Tag stoßlüften, Bad und Küche auch öfter

Aufräumen + putzen
1 größere Putzaktion pro Woche oder „nebenbei" jeden Tag ein Bereich

Lebensmittel einkaufen
1 Großeinkauf pro Woche, alle 3–4 Tage zusätzlich frische Extras besorgen

Essen machen + kochen
Je nach Gewohnheit Frühstück und/oder Abendessen, Mittagessen eher auswärts

Anbringen + aufhängen
Insgesamt 30–40 Dübel sind immer erlaubt, fehlt es an Ausstattung, auch mehr

Reparieren + ausbessern
Beispiele: Abflüsse reinigen, Wandflecken überstreichen, Fenster abdichten

Für Sicherheit sorgen
Bei Abwesenheit alle Türen und Fenster schließen, Waschmaschine ausschalten

Wäsche waschen
2 Maschinen pro Woche (1 x weiß, 1 x bunt) sollten für einen Single reichen

Pakete annehmen
Kein Muss, aber wichtig für eine gute Beziehung zu den Nachbarn

DEINE RECHTE ALS MIETER

Kleingedrucktes zu lesen, ist eine Tortur für die Augen, Laien ziehen daraus auch kaum Erkenntnisgewinn. Auch wenn du dich bei Handyvertrag, Girokonto und Streamingdienst erfolgreich vor der Lektüre gedrückt hast – deinen Mietvertrag solltest du unbedingt lesen. Der Grund: Die Sätze in Miniaturschrift sind vor allem dazu da, deine Rechte einzuschränken. Bitte deshalb deinen Vermieter, dass du den Vertrag vor der Unterschrift mitnehmen und in Ruhe anschauen kannst. Um böse Überraschungen zu vermeiden, achte auf folgende Punkte:

Ist das Haus eine Energieschleuder?

Damit es nicht die Nebenkosten sind, die aus einer erschwinglichen eine teure Wohnung machen, solltest du ihren Energiebedarf kennen. Hast du die Angaben im Inserat überlesen und bei der Besichtigung nicht aufgepasst, kannst du den Vermieter jetzt auffordern, dir den Energieausweis vorzulegen. Dazu ist er verpflichtet. Anhand einer Farbskala kannst du dann abschätzen, ob die Ausgaben für Heizung und Warmwasser eher hoch oder niedrig sind.

Extra-Tipp: Siehst du auf dem Ausweis zwei Pfeile, handelt es sich nicht um einen Verbrauchs-, sondern einen Bedarfsausweis. Wichtig für die Heizkosten ist dann der Pfeil für den „Endenergiebedarf".

Darfst du den Garten nutzen?

Das Mehrfamilienhaus besitzt einen Garten oder begrünten Innenhof? Traumhaft, dann könntest du dort die ein oder andere Grillparty veranstalten – sofern der Garten laut Vertrag mitvermietet ist oder als Gemeinschaftseinrichtung allen Mietern zur Verfügung steht. Im Gegenzug musst du dann über die Nebenkosten auch für die Pflege von Grün- und Gartenflächen zahlen.

Extra-Tipp: Macht der Vermieter keine Vorgaben, müssen sich die Mieter absprechen, wer den Garten wie nutzt. Also: Erst fragen, dann Blumenbeet anlegen.

Was ist mit baulichen Eingriffen?

Du darfst in der Wohnung zusätzliche Steckdosen anbringen, Zimmertüren aushängen und Einbauschränke entfernen – kurzum: Dinge verändern, die sich problemlos rückgängig machen lassen und nicht in die Bausubstanz eingreifen. Solchen „vertragsmäßigen Gebrauch" darf der Vermieter nicht verbieten. Willst du aber eine Zwischenwand einziehen, eine Mauer durchbrechen oder ein Riegel-Schloss einbauen, brauchst du sein Einverständnis.

Extra-Tipp: Auch wenn du auf eigene Kosten Parkett- oder Laminatboden verlegen willst, solltest du um Erlaubnis fragen – sonst musst du beim Auszug eventuell alles wieder in den Ausgangszustand versetzen.

CHECKLISTE „MIETVERTRAG"

1 Basisdaten Prüfe, ob der Vertrag Name und Anschrift des Vermieters enthält. Zudem müssen darin alle mitvermieteten Räume genau bezeichnet sein – auch der Kellerverschlag oder die Garage.

2 Miethöhe Die Kaltmiete allein sagt wenig aus. Rechne aus, was du monatlich insgesamt zu zahlen hast – inklusive Vorauszahlungen für Neben- und Heizkosten. Frage den Vermieter oder einen Nachbarn, ob deren Höhe realistisch ist – sonst droht eine Nachzahlung im Folgejahr.

3 Mieterhöhung Sind im Vertrag Mieterhöhungen vorgesehen? Steht nichts drin, kann die Miete nach frühestens 15 Monaten auf maximal die „ortsübliche Vergleichsmiete" angehoben werden.

4 Nachmieter Willst du einen Nachmieter vorschlagen, falls du eher aus deinem Vertrag willst? Dann achte darauf, dass das Recht dazu im Mietvertrag festgeschrieben wird.

5 Kaution Du musst maximal drei Nettokaltmieten zahlen, selbst wenn im Vertrag mehr steht. Einige dich mit dem Vermieter, bei welcher Bank ihr das Kautionskonto anlegen wollt.

6 Kündigungsausschluss Schließt eine Vertragsklausel die Kündigung der Wohnung für mehrere Jahre aus, solltest du nach Möglichkeit auf einer Nachmieterklausel bestehen.

7 Hausordnung Sollen die in der Hausordnung festgehaltenen Regeln für das Zusammenleben der Mieter auch für dich gelten, muss dies im Mietvertrag stehen. In der Regel ist die Hausordnung Anlage des Mietvertrags.

Zeitmietvertrag Will der Vermieter die Mietdauer begrenzen, muss er schriftlich einen Grund nennen, etwa dass er die Wohnung anschließend selbst benötigt. In diesem Fall musst du zum Fristende ausziehen, auch wenn der Vermieter dir nicht extra gekündigt hat. Vorher auszuziehen ist dagegen oft problematisch.

Eigenbedarf Willst du verhindern, dass der Vermieter dir wegen Eigenbedarfs kündigt, solltest du als Anlage zum Vertrag eine Klausel aufnehmen lassen, die das ganz oder auf Zeit verhindert. Auch eine handschriftliche Ergänzung des Vertragsformulars gilt.

Mündlicher Vertrag Mündlich geschlossene Mietverträge sind zulässig. Für sie gelten – wenn nicht anders vereinbart – die Vorschriften des BGB. Nachteil: Der Vermieter kann es sich bis zur Schlüsselübergabe noch anders überlegen.

HINDERNIS-PARCOURS?

TREPPENHÄUSER SIND ORTE spontaner Kreativität – doch der Beifall für Schuhfelder, Müllskulpturen und Wandgärten ist oft verhalten.

Besser nicht! **FAHRRÄDER** dürfen nicht im Hausflur stehen, wenn der Vermieter es verboten hat.

Knallige **POSTER** an der Flurwand und aufwendige Dekorationen an der Wohnungstür solltest du nicht ohne Zustimmung des Vermieters anbringen.

FÜR GEMEINSCHAFTSFLÄCHEN wie Hausflur und Treppenhaus gelten besondere Regeln – auch der Platz vor deiner Wohnungstür ist nicht deine Privatsache. Zwingst du andere zum Hindernislauf oder machst den Hausflur zur Rumpelkammer, gibt es über kurz oder lang Stress mit den Nachbarn. In Mietvertrag und Hausordnung ist meist geregelt, was geht und was nicht. Faustregel: Du darfst weder Fluchtwege verstellen noch andere stören. Die Garderobe in den Hausflur auszulagern oder sich dort Zigaretten anzuzünden, ist damit tabu.

FREIE BAHN!

DER PLATZ VOR DEINER TÜR muss nicht leer bleiben. Gegen ein kleines Schuhregal und dezente Deko ist meist nichts einzuwenden.

Wer oft kocht und bäckt, muss keine Sorge haben: So lange sich die **GERÜCHE** im Hausflur im normalen Rahmen bewegen, müssen andere Mieter sie ertragen.

Vermieter oder Hausverwaltung lassen eventuell über ein Schränkchen oder eine **TOPFPFLANZE** mit sich reden, wenn du sie um Erlaubnis bittest.

ACHTUNG!

In Berlin und Schleswig-Holstein müssen sich Hundebesitzer im Treppenhaus an den Leinenzwang halten – woanders regelt das eventuell die Hausordnung.

DU FINDEST ABSTREIFER PRAKTISCH? Dann stell dir einen vor die Tür. Darauf darfst du bei schlechtem Wetter eine Zeit lang deine Schuhe trocknen lassen. Du magst Dekos an der Wohnungstür? –Kein Problem, so lange sie neutral und schlicht sind und Plastikdrachen oder Pappschneemann nicht über den Türrahmen hinausragen. Der Briefträger legt Briefe und Kataloge, die nicht in den Briefkasten passen, in den Hausflur? Nehmen die Empfänger sie schnell weg, darf das der Vermieter nicht verbieten. Betrifft dich alles nicht? Umso besser.

WAS DEIN VERMIETER DARF

Nächtlicher Lärm, penetranter Grillgeruch, Berge von Schuhen im Treppenhaus – als Bewohner eines Mietshauses brauchst du starke Nerven. Für ein friedliches Zusammenleben sorgen die zwei großen „R": Rücksichtnahme und Regeln. Erstere gehört zur guten Kinderstube, Letztere stellt der Vermieter auf. Dafür gibt es die Hausordnung. Nimm sie lieber ernst: Wer wiederholt dagegen verstößt; riskiert die Kündigung – in schweren Fällen sogar fristlos.

Eine Hausordnung aufstellen

Schau in deinen Mietvertrag. Meist ist die Hausordnung als Anlage beigefügt oder es wird auf sie verwiesen. In beiden Fällen ist sie für dich verbindlich. Hängt die Hausordnung dagegen nur im Treppenhaus aus oder wurde dir separat überreicht, darf sie keine Zusatzpflichten, sondern nur „ordnende Regelungen" enthalten. Dazu gehören Nutzungsbestimmungen von Gemeinschaftsräumen, Schließzeiten der Haustür und Vorgaben zu Ruhezeiten.

Bestimmte Dinge verbieten

Der Vermieter darf verbieten, dass der Hausflur zugemüllt wird. Auch dass Wäsche in der Wohnung getrocknet wird, kann er untersagen – vor allem, wenn es einen Gemeinschaftsraum dafür gibt. Deine Persönlichkeits- und Gestaltungsrechte einschränken darf er nicht. So sind fixe Maße für die Größe einer Fußmatte unwirksam oder ein generelles Verbot, nach 22 Uhr Besuch zu empfangen. Konflikte lauern dort, wo die Hausordnung Spielraum für Interpretationen lässt oder der Vermieter in seiner Regelungswut übers Ziel hinausschießt.

Extra-Tipp: Der erste Schritt bei Konflikten sollte immer ein klärendes Gespräch sein oder zumindest der Versuch dazu. Bringt das nichts, bleibt der Weg vor Gericht – das kann jedoch teuer werden. Lass dich besser beraten, ehe du Regeln einfach ignorierst.

Mietern Zusatzpflichten aufbürden

Will der Vermieter, dass du das Treppenhaus putzt, im Garten Laub harkst oder im Winter Schnee schippst, kann er auch das per Hausordnung tun – aber nur, wenn diese Teil deines Mietvertrags ist. Dass du die Fassade streichst oder das Treppenhaus neu fliest, kann er dagegen nicht verlangen.

Bei Zahlungsverzug kündigen

Bist du mit zwei Bruttomieten im Rückstand, darf der Vermieter dir fristlos kündigen. Also: Immer schön pünktlich zahlen! Bist du knapp bei Kasse, versuche zügig, mit dem Vermieter eine Regelung zu finden.

HITLISTE

Ruhezeiten einhalten

Nachts von 22 bis 6 Uhr sowie gewöhnlich tagsüber zwischen 12 und 15 Uhr

Treppenhaus/Gehweg säubern

Pflicht muss vertraglich vereinbart werden, für Turnus bzw. Putzplan reicht Hausordnung

Schnee und Eis beseitigen

Eine Streu- und Räumpflicht für den Winter muss Bestandteil des Mietvertrags sein

Trockenraum benutzen

Wäschetrocknen in der Wohnung kann untersagt werden, gilt nicht für elektrische Trockner

Bagatellschäden selbst zahlen

Ist im Mietvertrag eine Obergrenze angegeben, sind bis zu 100 Euro pro Reparatur zulässig

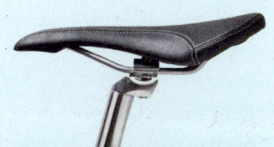

Kein Fahrrad im Hausflur

Wildes Parken in Hausflur oder Kellereingang darf der Vermieter verbieten

Haustür nachts abschließen

Pflichten in Sachen Sicherheit gelten auch, wenn sie nicht im Mietvertrag vereinbart wurden

Wohnung renovieren

Zulässig, wenn die Pflicht zum Renovieren vom Zustand der Räume abhängig ist

Aufs Grillen verzichten

Verbote oder Einschränkungen gelten, wenn sie per Mietvertrag vereinbart wurden

... UND WAS DEIN VERMIETER NICHT DARF

Es gibt ja besonders fürsorgliche Vermieter. Sie behalten einen Wohnungsschlüssel und sehen in deiner Abwesenheit schnell mal nach dem Rechten – ein Albtraum. Solche Übergriffe musst du nicht hinnehmen. Selbst wenn du deinem Vermieter zur Sicherheit einen Schlüssel gegeben hast, darf er die Wohnung nur in Notfällen und mit deiner Erlaubnis betreten. Alles andere ist Hausfriedensbruch. Behält der Vermieter den Schlüssel gegen deinen Willen und gibt ihn nicht heraus, darfst du dein Schloss auf seine Kosten auswechseln lassen.

Willkürliche Regeln aufstellen

Hat der Vermieter für den Mietvertrag einen Vordruck benutzt, konntest du die Vertragsbedingungen nicht beeinflussen. In diesem Fall bist du automatisch vor Willkür geschützt: Klauseln, die dich gravierend benachteiligen, sind unwirksam. Obwohl du sie unterschrieben hast, kannst du sie ignorieren. Welche Klauseln das betrifft – das haben Gerichte entschieden (siehe rechts).

Extra-Tipp: Vorsicht – Zusatzvereinbarungen, die du mit dem Vermieter individuell ausgehandelt hast, bleiben auch dann gültig, wenn sie dich benachteiligen.

Mietern ohne Grund kündigen

Braucht der Vermieter die Wohnung für sich oder einen nahen Verwandten, kann er dir zwar wegen Eigenbedarfs fristgerecht kündigen, muss aber strenge Regeln einhalten: Legt er im Kündigungsschreiben nicht dar, für wen er die Wohnung braucht und warum konkret, ist die Kündigung unwirksam. Ist die Wohnung zu groß für den neuen Bewohner oder könnte dieser in eine andere, leer stehende Wohnung ziehen, kannst du die Kündigung anfechten.

Extra-Tipp: Lasse eine Eigenbedarfskündigung auf jeden Fall von einem Anwalt oder Mieterbund prüfen.

Gäste und Besuch verbieten

Du darfst in deiner Wohnung so oft und so viel Besuch empfangen, wie du willst. Auch ein Hausverbot darf der Vermieter nur aussprechen, wenn ein Gast in der Vergangenheit wiederholt die Ruhe gestört, das Treppenhaus oder den Keller beschädigt hat. Ab sechs Wochen Daueraufenthalt darf der Vermieter jedoch nachfragen, ob aus deinem Gast inzwischen ein Untermieter geworden ist. Falls ja, solltest du spätestens jetzt um Erlaubnis fragen (siehe S. 198).

HITLISTE

DAS MUSST DU NICHT AKZEPTIEREN Stehen diese Klauseln in deinem Mietvertrag, bist du nicht daran gebunden.

Beim Einzug renovieren
Ohne finanzielle Gegenleistung müssen Mieter weder malern noch Heizkörper streichen.

Starre Renovierungsfristen
Mieter müssen nur renovieren, was sie „verwohnen". Viele Klauseln sind unwirksam.

Haustiere verboten
Ein pauschales Verbot ist unzulässig, auch wenn es nur Hunde und Katzen betrifft.

Haftung für verstopfte Rohre
Mieter müssen nur für Schäden haften, die sie nachweislich selbst verursacht haben.

Hausverwaltung bezahlen
Ausgaben für den Hausverwalter, inklusive Porto und Telefon, muss der Vermieter tragen.

Generelles Musizierverbot
Einschränkungen – zum Beispiel zwei Stunden pro Tag – sind jedoch erlaubt.

Fünf Jahre Kündigungsverzicht
Der wechselseitige Ausschluss einer Kündigung ist nur bis maximal vier Jahre erlaubt.

Versicherungspflicht
Hausrat- und Privathaftpflichtpolice dürfen kein Muss sein, freiwilliger Abschluss sinnvoll.

Waschmaschine verboten
Auch einen Wäschetrockner dürfen Mieter in ihrer Wohnung aufstellen und betreiben.

WANN STEIGT DIE MIETE?

Im Jahr 2017 fand der Eigentümerverband Haus & Grund heraus, dass 23,3 Prozent der Vermieter nur bei einem Mieterwechsel die Miete erhöhen. Ob auch du während deiner Mietdauer Ruhe hast – reine Glückssache. Die Chancen steigen jedoch, wenn in deinem Mietvertrag keine Rede von Erhöhungen ist. Liegt dann irgendwann doch eine Ankündigung im Briefkasten, solltest du sie dir genau anschauen: Vermieter dürfen nicht beliebig an der Schraube drehen – für jede Erhöhung gibt es eine Obergrenze. Und längst nicht jede ist zulässig.

1. Zuerst: Ein Blick in den Vertrag

Sieht dein Mietvertrag mehrere Mieterhöhungen in regelmäßigen Abständen vor, dann hast du eine Staffelmiete vereinbart. Vorteil: Mehr darf der Vermieter in dieser Zeit nicht aufschlagen – und du hast für ein paar Jahre Planungssicherheit. Absolute Ausnahme in Deutschland ist eine Indexmiete: Dabei orientiert sich die Miete am Preisindex für die Lebenshaltungskosten aller privaten Haushalte. Ermittelt das Statistische Bundesamt eine Steigerung, wäre für dieses Jahr eine Mieterhöhung zulässig.

Extra-Tipp: Wurde eine Staffelmiete vertraglich vereinbart, dann bist du selbst dafür verantwortlich, deinen Dauerauftrag rechtzeitig umzustellen.

2. Mieterhöhung genau prüfen

Steht zu künftigen Mieterhöhungen nichts im Vertrag, kann der Vermieter grundsätzlich 15 Monate nach deinem Einzug – und ab dann in 15-Monats-Schritten – auf die ortsübliche Vergleichsmiete aufstocken. Die Erhöhung muss schriftlich erfolgen und begründet werden – entweder mit dem örtlichen Mietspiegel, dem Gutachten eines Sachverständigen oder drei vergleichbaren Wohnungen, in denen bereits so viel gezahlt wird, wie dein Vermieter von dir fordert. Wichtig: Du hast bis zum Ende des übernächsten Monats Zeit zu prüfen, ob die Erhöhung formal und inhaltlich in Ordnung ist. Da das für Laien schwierig ist, frage am besten den örtlichen Mieterverein.

Extra-Tipp: Ist eine Wohnung sehr billig, darf der Vermieter nicht auf einen Schlag die Vergleichsmiete fordern. Die Kaltmiete darf innerhalb von drei Jahren um höchstens 20 Prozent steigen („Kappungsgrenze"). In Gegenden mit einem Mangel an bezahlbarem Wohnraum können sogar nur 15 Prozent erlaubt sein.

3. Modernisierung oder Reparatur?

Lässt der Vermieter das Haus oder einzelne Wohnungen modernisieren, darf er im Anschluss daran wahlweise 11 Prozent der Kosten auf die Jahresmiete aufschlagen oder die ortsübliche Vergleichsmiete fordern.

In **63,1 %** der erfassten Mietverhältnisse gab es im Mietzeitraum keine Mieterhöhung.
Es wurde durchschnittlich seit 5,6 Jahren keine Mieterhöhung mehr ausgesprochen.

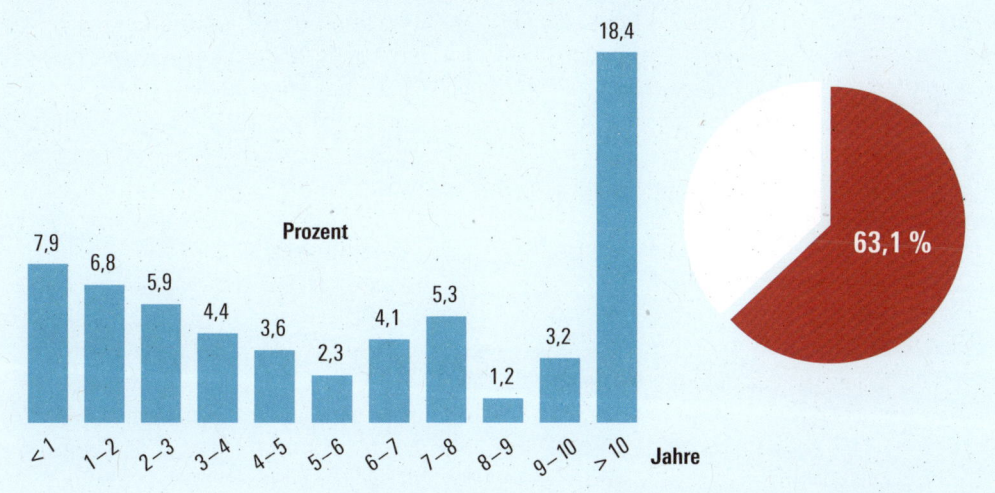

Lesebeispiel: 18,4 % der erfassten Mietverhältnisse laufen seit mehr als 10 Jahren ohne eine Mieterhöhung.

Eine Modernisierung muss jedoch zu einer verbesserten Wohnqualität führen.
Dazu gehören Maßnahmen für mehr Schall- und Wärmeschutz, der Einbau neuer Sanitäreinrichtungen oder einer energiesparenden Heizungsanlage. Wichtig: Sämtliche Arbeiten sowie deren voraussichtliche Dauer und die folgende Mieterhöhung muss der Vermieter mindestens drei Monate vor Beginn schriftlich ankündigen. Anhand des Schreibens kannst du prüfen, ob du die Arbeiten dulden musst oder das Recht hast, dich dagegen zu wehren. Wichtig: Instandhaltungsarbeiten wie der Austausch von Wasserrohren sowie Reparaturen rechtfertigen keine Mieterhöhung.

Extra-Tipp: Steigt die Miete um mehr als 25 Prozent und ist dein Einkommen gering, kannst du dich auf „besondere Härte" berufen. Der Vermieter muss dann eventuell auf einen Teil der Mieterhöhung verzichten.

Wiedersehen macht Freude
Die Kaution dient als Pfand für den Vermieter, falls du Schäden in der Wohnung verursachst oder sie nicht im vereinbarten Zustand zurückgibst.

FAKTENCHECK: MIETKAUTION

Als ob der Umzug nicht schon teuer genug wäre, darf der Vermieter noch eine Kaution von bis zu drei Monatsnettomieten verlangen. Für viele ein ganz tiefer Griff in die eigene Tasche. Kleiner Trost: Das Geld ist ein Pfand, das du im Normalfall nach dem Auszug zurückbekommst.

Ratenzahlung erlaubt Kleiner Aufschub in klammen Zeiten: Fällig ist die Kaution erst bei Mietbeginn. Außerdem darfst du das Geld in drei Monatsraten überweisen. Schreibt der Mietvertrag die Zahlung auf einen Schlag vor, ist die Klausel unwirksam. Auf Ratenzahlung bestehen solltest du aber nur, wenn der Vermieter den Vertrag bereits unterschrieben hat.

Separates Konto Der Vermieter muss die Kaution getrennt von seinem Vermögen anlegen. Das Konto muss als Treuhandkonto gekennzeichnet sein. Du kannst mit Einverständnis des Vermieters auch selbst ein Konto eröffnen und das Guthaben an den Vermieter verpfänden. Eventuelle Zinsen stehen am Ende dir zu. Auch eine Anlage in Aktien oder Investmentfonds ist möglich – ziehst du aber während eines Kurstiefs aus, machst du Verlust.

Teure Alternative Eine Kautionsversicherung solltest du nur abschließen, wenn du extrem knapp bei Kasse bist. Bei diesem Modell bürgt die Versicherung gegenüber dem Vermieter für die Höhe der Kaution. Statt eines Sparbuchs oder einer Bankbürgschaft gibst du dem Vermieter eine Bürgschaftsurkunde. Die Prämie von jährlich rund 100 Euro zahlst du. Muss die Versicherung tatsächlich einspringen, kann sie dich zudem in Regress nehmen.

Rückzahlung kann dauern Wenn du ausziehst, keine Mietschulden hast und der Vermieter die Wohnung abgenommen hat, hast du Anspruch auf deine Kaution samt Zinsen. Leider lassen sich Vermieter oft Zeit mit der Rückzahlung – etwa um Ansprüche auf Schadenersatz zu prüfen. Mitunter müssen sich Mieter mal zwei, mal sechs Monate gedulden oder sogar länger. Trotzdem darfst du nicht „vorbeugend" die Miete zurückbehalten und die Kaution abwohnen.

Teilerstattung fordern Hält der Vermieter die Kaution nur deshalb zurück, weil noch die letzte Betriebskostenabrechnung aussteht, muss er dir vorab zumindest einen Teil deines Geldes zurückzahlen. Laut Bundesgerichtshof (BGH) darf er lediglich einen „angemessenen Teil" behalten und diesen mit einer eventuell fälligen Nachforderung verrechnen.

BALLAST ABWERFEN

Deine Habe transportierst du locker im Kofferraum deines Kleinwagens? Dann dürfte der Umzug kein Problem sein – und du blätterst besser gleich weiter.

Oder du checkst vorher doch mal kurz, ob du dich nicht verschätzt hast. Was ist mit dem Bett, dem Kleiderschrank, der Waschmaschine? Oder willst du dich neu einrichten und alles Alte abstoßen?

Dann wären wir beim Thema: Ausmisten. Das spart nicht nur Umzugskartons und Platz im Transporter – es gibt dir auch das gute Gefühl, deinen persönlichen Neustart ohne lästigen Ballast anzugehen.

Online verkaufen

Wie geht's? Als registrierter Nutzer kannst du auf Marktplätzen wie Ebay und Amazon auf privater Basis gebrauchte Sachen verkaufen – zum Teil sogar sperrige Möbel. Dagegen sind Anbieter wie Momox und Rebuy auf Medien, Kleidung oder Elektronik spezialisiert.

Was bringt's? Fotos zu machen und Sachen zu beschreiben, kann ganz schön aufwendig sein – vor allem, wenn du viel zu verkaufen hast. Dafür kannst du so am meisten Geld verdienen.

Wann geeignet? Je nach Plattform dauern Online-Verkäufe Tage oder Wochen. Fange deshalb rechtzeitig vor dem Umzug an – und checke vorher, ob du Gebühren zahlen musst.

Flohmarkt

Wie geht's? Kläre mit Veranstaltern in deiner Gegend, ob dein „Sortiment" zu ihrem Markt passt. Gegen Gebühr kannst du Bücher, Kleidung, Möbel, Deko-Artikel und anderen Krempel verkaufen. Erfolgsgeheimnis: Schön drapieren, selbstbewusst auftreten und einen Lockvogel engagieren. Ein kleines bisschen link, aber sehr wirkungsvoll.

Was bringt's? Wer nichts Tolles bietet und schlecht verhandelt, verdient nicht viel, wird aber eventuell eine Menge los. Eine klare Eins in Sachen Nachhaltigkeit.

Wann geeignet? Verkaufen und Spaß haben lautet das Motto. Wer auf dem Flohmarkt reich werden will, kommt nicht weit.

Verschenken / Spenden

Wie geht's? Intakte, saubere Kleidung oder Schuhe wirfst du in den nächsten Altkleidercontainer oder bringst sie zu Humana oder Oxfam. Über gut erhaltene und halbwegs aktuelle Bücher freuen sich Kirchengemeinden und Bibliotheken. Ausrangierten Hausrat wirst du eventuell im nächsten „Mixshop" von Oxfam los.

Was bringt's? Ein paar Extrapunkte auf der nach oben offenen Weltretter-Skala. Wer dagegen nur seinen Ramsch abladen will, kassiert schon mal eine Abfuhr.

Wann geeignet? Wer nicht möchte, dass gut erhaltene Sachen im Müll landen, oder ärmeren Menschen etwas Gutes tun will, handelt sozial und nachhaltig.

Einlagern (Self Storage)

Wie geht's? Ob Comicsammlung, Snowboard oder Modelleisenbahn – in einem Lagerraum (meist ab 1 m²) kannst du deine Habe zeitweise oder dauerhaft verwahren und jederzeit darauf zugreifen. In größeren Städten gibt es meist mehrere Anbieter. Kostenpunkt: ab ca. 8 Euro pro Woche.

Was bringt's? Sachen, an denen du hängst, kannst du auf diese Weise sicher aufbewahren, ohne dich auf einen Zeitraum festzulegen.

Wann geeignet? Liegen ein paar Wochen zwischen Aus- und Einzug? Ist deine Wohnung zu klein oder der Keller feucht? Zumindest für den Übergang kann Self Storage eine Lösung sein – kostet aber Geld.

Müll / Sperrmüll

Wie geht's? Sachen, die du weder verkaufen noch verschenken kannst, entsorgst du so weit möglich über den Hausmüll. Fange am besten rechtzeitig damit an, damit du nicht alle Tonnen allein vollstopfst und eine Sonderleerung nötig wird, die alle bezahlen müssen. Elektrogeräte und Sperrmüll bringst du zum Recyclinghof oder lässt sie abholen.

Was bringt's? Auf diese Weise wirst du alle Reste los und gehst sicher, dass sie recycelt oder thermisch verwertet werden.

Wann geeignet? Für Möbel, Kleider und Elektrogeräte, die nichts mehr taugen. Und wenn du alle anderen Möglichkeiten ausgeschöpft hast.

PI MAL DAUMEN?

VON DER GRÖSSE DEINER WOHNUNG hängt ab, wie viel Miete du zahlen musst. Doch oft ist die Flächenangabe im Mietvertrag falsch.

Enthält dein Mietvertrag keine Wohnfläche, kannst du die **ANGABE AUS DEM INSERAT** verwenden. Mit dem Circawert kannst du rechnen wie mit einer Angabe.

Ist die Wohnfläche im Vertrag explizit als **UNVERBINDLICH** bezeichnet, hast du schlechte Karten und musst Abweichungen hinnehmen.

ACHTUNG!

Bei Mieterhöhungen gibt es keine 10-Prozent-Toleranzgrenze: Der Vermieter darf die Miete nur auf Basis der korrekten Wohnfläche erhöhen.

ES MUSS KEIN BÖSER WILLE SEIN, wenn Vermieter oft eine falsche Wohnfläche angeben. In manchen Verträgen stehen die deutlich größeren Rohbaumaße, andere Werte sind Folge von Messfehlern. Fakt ist, dass selbst Experten zu unterschiedlichen Ergebnissen kommen. Für dich bedeuten Abweichungen, dass du zu viel – oder zu wenig – Miete zahlst. Im Zweifel dürfen sowohl der Vermieter als auch du als Mieter die Wohnfläche nachmessen. Ist sie mehr als 10 Prozent kleiner als im Vertrag, darfst du Miete und Nebenkosten anteilig mindern.

LÄNGE MAL BREITE!

DIE WOHNFLÄCHE BESTIMMEN – das ist gar nicht so einfach. Auf korrekte Werte kommt nur, wer richtig misst und rechnet.

Stellst du eine größere **ABWEICHUNG** fest, bitte deinen Vermieter, die Wohnung auf seine Kosten neu vermessen zu lassen. Minderst du einfach die Miete, riskierst du einen Streit vor Gericht.

Ein selbst gebasteltes Lot hilft unter **DACHSCHRÄGEN**: Knote einen Faden ans Griffloch einer Schere. Von da aus misst du 1 und 2 Meter am Faden ab und markierst die Stellen.

DETAILS ZUM RICHTIGEN MESSEN regelt die Wohnflächenverordnung. Sie gilt auch, wenn im Mietvertrag keine Rechtsgrundlage genannt ist. Voll zur Wohnfläche zählen Wohn- und Abstellräume innerhalb der Wohnung. Flächen unter Dachschrägen zwischen 1 und 2 Metern Höhe fließen zu 50 Prozent, Balkon, Loggia oder Terrasse sogar nur zu 25 Prozent ein – es sei denn, ihr Wohnwert ist deutlich erhöht. Gar nicht einrechnen musst du Flächen unter Schrägen bis 1 Meter Höhe sowie Tür- und Fensternischen, Säulen und Treppen.

500,-€

Hau raus die Kohle …
… aber lass dich nicht über den Tisch ziehen. Besteh auf einen Ablösevertrag, in dem steht, wie viel du wofür bezahlt hast. Lass dir außerdem den Empfang des Geldes quittieren.

FAKTENCHECK: ABLÖSEZAHLUNG

Einbauküche, Zwischendecke, Kühlschrank – viele Mieter wollen beim Auszug Einbaumöbel, Haushaltsgeräte oder Umbauten in der Wohnung lassen und verlangen dafür „Abstand" vom Nachmieter. Doch nicht auf alle Ablöseforderungen musst du dich einlassen.

Abstand ist erlaubt Deine Chancen auf die Wohnung steigen nicht gerade, wenn du dich weigerst, das Hochbett oder die Schrankwand des Vormieters zu übernehmen. Einen Versuch, die Wohnung ohne Ablösezahlung zu bekommen, ist es aber wert. Hat dagegen der Vermieter vorher zugestimmt, wirst du auf taube Ohren stoßen.

Geld für Einzug verboten Es ist verboten, dass dein Vormieter Geld dafür kassiert, dass er die Wohnung für dich freimacht. Habt ihr vereinbart, dass der Vormieter dir hilft, die Wohnung zu bekommen, wenn du seinen Umzug bezahlst, ist das zwar eine leicht miese Nummer, aber zulässig. Allerdings muss er dir die Höhe seiner Kosten nachweisen, etwa durch Belege der Spedition. Aufpassen: Maklergebühren und Kosten für die Renovierung seiner neuen Wohnung darf er dir nicht aufdrücken.

Zeitwert schätzen Geht es darum, wie viel eine Sache noch wert ist, kommt der Gebrauchswert ins Spiel, also der Wert, den die Einrichtung für die Wohnung hat – nicht etwa, was Küche oder Hochbett im ausgebauten Zustand noch bringen würden (Zeitwert). Der Gebrauchswert ist anhand von Neupreis, Alter und Zustand zu schätzen. Er darf höher sein als der Zeitwert, da du dir Transport- und Einbaukosten sparst.

Schutz vor Abzocke Wer im Bemühen um die Wohnung über den Tisch gezogen wurde, kann sich auch nachträglich noch wehren: Will dein Vormieter über 50 Prozent mehr kassieren, als der Einbauschrank oder der Gasherd tatsächlich wert sind, kannst du das Angebot zunächst annehmen und den unzulässigen Teil später zurückfordern.

Beispiel War etwa die übernommene Schrankwand für 4 000 Euro nur 2 000 Euro wert, hätte der Vormieter höchstens 3 000 Euro verlangen dürfen.

Frist beachten Für die Rückforderung hast du drei Jahre Zeit – gerechnet ab dem 1. Januar, der auf deinen Einzug folgt. Es kann sein, dass du den Vormieter verklagen musst. Weise am besten bereits im ersten Forderungsschreiben auf ein BGH-Urteil hin, das solche Abzocke verbietet (BGH, Az. VIII ZR 212/96).

NOTIEREN?

BEI DER ÜBERNAHME DER WOHNUNG heißt es, aufzupassen wie ein Luchs. Mängel, die du nicht monierst, bleiben sonst an dir hängen.

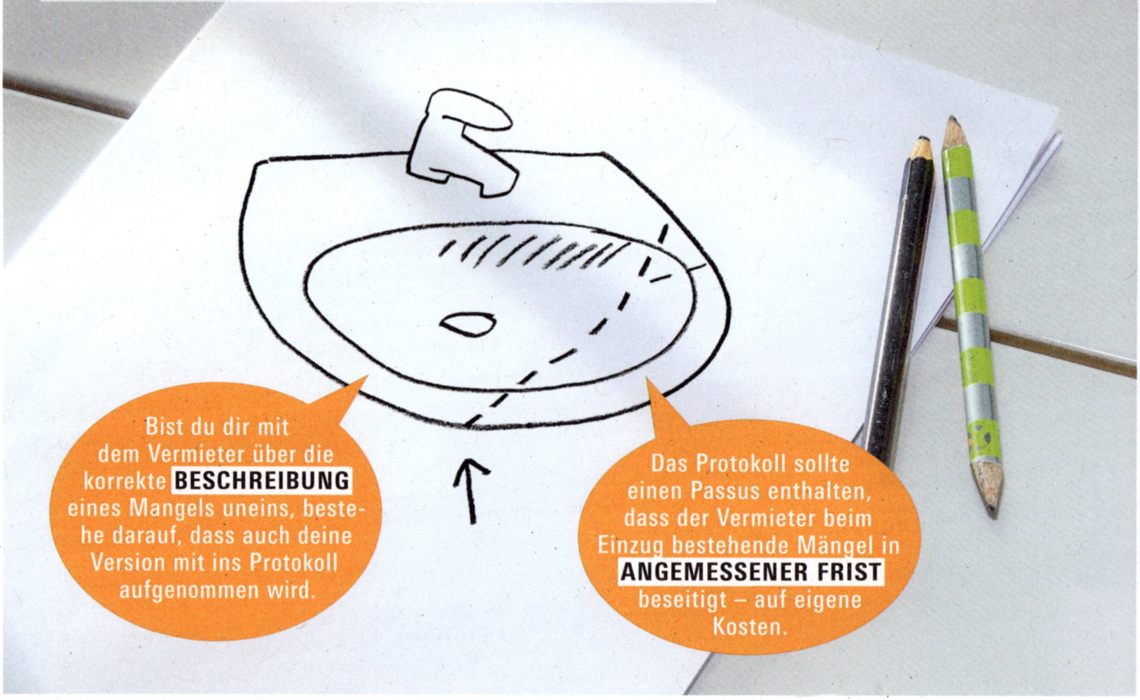

Bist du dir mit dem Vermieter über die korrekte **BESCHREIBUNG** eines Mangels uneins, bestehe darauf, dass auch deine Version mit ins Protokoll aufgenommen wird.

Das Protokoll sollte einen Passus enthalten, dass der Vermieter beim Einzug bestehende Mängel in **ANGEMESSENER FRIST** beseitigt – auf eigene Kosten.

AUCH WENN DU STRESS VERMEIDEN und das Verhältnis zum Vermieter nicht belasten willst: Wohnungsmängel, die du bereits bei der Übernahme feststellst, gehören ins Protokoll. Das gilt für den Sprung im Waschbecken ebenso wie für das zerkratzte Parkett oder die zerlöcherten Badfliesen. Sonst besteht die Gefahr, dass der Vermieter beim Auszug von dir verlangt, dass du Mängel auf eigene Kosten beseitigst oder zumindest dafür zahlst. Laufspuren oder Abdrücke von Möbeln auf dem Teppich sind dagegen normale Abnutzung.

... UND FOTOGRAFIEREN!

EIN BILD SAGT MEHR ALS TAUSEND WORTE Zück deshalb bei der Übergabe ruhig dein Smartphone, um Mängel in deiner künftigen Wohnung zu dokumentieren.

Ist der Vermieter bei der Übergabe nicht selbst anwesend, lasse ihm Protokoll und Fotos umgehend zukommen — etwa per **EINSCHREIBEN** mit Rückschein.

Entdeckst du Mängel, deren Tragweite du nicht abschätzen kannst, lasse dir vom Mieterverein einen **SACHVERSTÄNDIGEN** vermitteln. Die Ausgabe von rund 200 Euro ist es allemal wert.

EIN SPRUNG IM WASCHBECKEN kann höchst unterschiedlich ausfallen: kurz oder lang, kaum sichtbar oder ins Auge stechend. Für den Fall, dass du dich beim Beschreiben in Formulierungen, die sich vielleicht unterschiedlich interpretieren lassen, verhedderst, drück einfach auf den Auslöser deiner Handykamera. Mache Übersichtsfotos aller Zimmer und Detailaufnahmen der Mängel. Da diese oft schwer zu fotografieren sind, wähle verschiedene Perspektiven. Die Fotos sollten im Protokoll erwähnt oder als Anhang beigefügt werden.

CHECKLISTE „ÜBERNAHME"

1 Begehung vereinbaren

Vereinbare für die Übernahme einen Termin mit dem Vermieter oder dem Verwalter. Lass dir aber nicht einfach nur den Schlüssel in die Hand drücken, sondern bestehe auf einer gemeinsamen Begehung der Wohnung. Ist der Vermieter dazu nicht bereit? Nimm den Schlüssel und begehe die Wohnung mit einem neutralen Bekannten oder einem Sachverständigen.

2 Zeit mitbringen

Nimm dir mindestens eine Stunde Zeit für die Begehung und lass dich nicht hetzen. Dass du dir die Räume bei Tageslicht ansiehst, ist ebenfalls wichtig, um nichts zu übersehen. Zweck der Begehung ist es, Mängel zu finden und zu protokollieren sowie mit Fotos zu dokumentieren. Auch wenn der Termin nervt: Alles, was nicht in Ordnung ist, aber nicht im Übergabeprotokoll steht, hast du später selbst zu verantworten.

3 Planvoll vorgehen

Nimm sämtliche zur Wohnung gehörenden Räume nacheinander unter die Lupe. Achte dabei besonders auf folgende Punkte: Sind Wände und Decken ordentlich gestrichen? Zeigen sich Wasser- oder Schimmelflecken? Sind Türen und Rahmen korrekt lackiert und Fensterscheiben sowie Türbeschläge frei von Farbe? Hat das Parkett leichte Gebrauchsspuren oder ist es total zerkratzt? Ist der Teppichboden fleckig? Funktionieren alle Wasserhähne und die WC-Spülung einwandfrei? Schließen Fenster und Türen dicht? Sind Fliesen beschädigt? Lassen sich die Rollläden problemlos bedienen? Funktionieren alle Geräte sowie Klingel und Gegensprechanlage?

4 Bohrlöcher zählen

Klingt nach Erbsenzählerei, kann aber wichtig sein: Zähle in jedem Raum die Bohrlöcher. Dein Vermieter wäre nicht der erste, der beim Auszug wegen zu vieler Löcher in Mauerwerk und Fliesen Stress macht. Kannst du dann belegen, dass die Löcher vom Vermieter stammen, bist du aus dem Schneider. Lass sie deshalb auf die Mängelliste setzen und wenn möglich im Anschluss zugipsen. Dann kannst du bei null starten und die Wände nach deinen Ideen gestalten.

5 Zählerstände ablesen

Zu einer Wohnungsübergabe gehört das Ablesen der Zählerstände für Strom, Wasser, Heizung und – falls vorhanden – Gas. Alles, was von jetzt an verbraucht wird, geht auf deine Kappe. Den Wert auf dem Strom- und Gaszähler meldest du dem Versorger, damit dieser die Abrechnung korrekt erstellen kann. Die

Stände von Wasser und Heizung gibt der Vermieter weiter, da diese zu den Mietnebenkosten gehören.

6 Einbauten checken Hinterlässt der Vermieter Einbauten oder technische Installationen, überprüfe unbedingt, ob diese fachgerecht ausgeführt wurden. **Auffällig verlegte Elektroleitungen oder schlampig eingebaute Regale lässt du im Protokoll vermerken** und bestehst darauf, dass Fehler und Gefahrenquellen beseitigt werden – und du weder für Folgeschäden haften noch für einen Rückbau sorgen musst.

7 Schadenbeseitigung regeln Am besten vereinbarst du mit dem Vermieter gleich bei der Übergabe, in welchem Zeitraum dieser die Mängel beseitigt. Damit ersparst du dir Nervereien und Mahnschreiben. Achtung: Lässt sich der Vermieter nicht auf eine verbindliche Regelung ein, sollte im

Protokoll unbedingt vermerkt werden, dass für die festgestellten Mängel der § 536 b Satz 3 BGB nicht gilt! Dieser besagt, dass du später weder Mietminderung noch Schadenersatz fordern kannst, wenn du Mängel bei der Wohnungsübergabe gekannt hast. Ebenso wenig solltest du Mängel als „vertragsgemäß" akzeptieren.

8 Eigenleistungen prüfen Manche Vermieter bieten Mietern finanzielle Vergünstigungen wie Mietnachlässe an, wenn sie selbst Hand anlegen und Mängel auf eigene Kosten beseitigen (siehe S. 36/37). Das erscheint oft verlockend, weil du die Wohnung dann mehr nach deinen Wünschen gestalten kannst und eventuell Ausgaben für Handwerker sparst. Lässt du dich auf einen solchen Deal ein, dann achte unbedingt darauf, dass Arbeiten fachmännisch ausgeführt werden. Denn: Für Fehler

haftest du gegenüber dem Vermieter – auch wenn ein Handwerker schuld ist. **Lass dir Eigenleistungen deshalb nach deren Abschluss vom Vermieter als ordnungsgemäß ausgeführt bestätigen.**

9 Schlüssel zählen Haustür, Wohnungstür, Keller, Briefkasten – achte darauf, dass dir Vermieter oder Verwalter sämtliche Schlüssel aushändigen, die zur Wohnung gehören. Faustregel: Du darfst grundsätzlich so viele Schlüssel verlangen, wie du benötigst.

10 Mängel nachtragen Nicht jeder Vermieter lässt sich darauf ein, aber einen Versuch ist es wert: **Behalte dir nach Möglichkeit das Recht vor, bei der Übergabe übersehene oder versteckte Mängel nachträglich zu melden.** Eine Woche Frist gilt dafür als angemessen.

PLATZ BLOCKIEREN?

EIN HALTEVERBOT „MARKE EIGENBAU" ist nicht nur rechtlich wirkungslos. Die Sache kann für dich auch richtig teuer werden.

Laut § 315 b des Strafgesetzbuches ist das Freihalten von Parkraum mithilfe von Hindernissen ein **GEFÄHRLICHER EINGRIFF** in den Straßenverkehr – strafbar ist bereits der Versuch.

Auch das Parken in **ZWEITER REIHE** mit gesetzter Warnblinkanlage ist verboten – sonst drohen Bußgelder für Falschparken und für die missbräuchliche Nutzung eines Warnzeichens.

EIN PAAR STÜHLE, ABSPERRBAND, FERTIG – mit wenigen Handgriffen ist der freie Parkplatz vor der Haustür blockiert. Man will die Möbel am Umzugstag schließlich nicht durch die halbe Stadt tragen. Doch Autofahrer müssen sich nicht an die Blockade halten und können sie einfach aus dem Weg räumen, Parkwächter des Ordnungsamtes sowieso. Erwischen sie dich auf „frischer Tat", setzt es ein Bußgeld. Damit nicht genug: Fährt ein Auto gegen die Installation und wird dabei beschädigt, haftest du in voller Höhe für den Schaden.

SCHILD BESTELLEN!

UM EINE HALTEVERBOTSZONE EINZURICHTEN musst du beim zuständigen Bezirksamt einen Antrag stellen – meist mindestens 14 Tage vorher.

Hast du die amtliche Genehmigung, musst du in der Regel einen Fachbetrieb mit der **BESCHILDERUNG** beauftragen. In manchen Städten erledigt das aber auch das Amt.

Ist der für dich reservierte Parkplatz zugeparkt, kannst du das Fahrzeug **ABSCHLEPPEN** lassen, wenn seit Aufstellen der Schilder mindestens drei Tage vergangen sind. Auch Dauerparker müssen damit rechnen, dass mobile Verkehrszeichen aufgestellt werden.

IM ANTRAG GIBST DU Datum und voraussichtliche Dauer des Umzuges an. Außerdem beschreibst du die Gegebenheiten vor Ort, also ob es dort Parkbuchten oder bereits ein Halteverbot gibt. Außerdem musst du die Größe des gewünschten Halteverbots angeben. Dazu addierst du zur Länge des Umzugswagens 3 bis 5 Meter – je nachdem, wie viel Platz der Wagen zum Rangieren benötigt. Je nach Stadt stellst du deinen Antrag beim Straßenverkehrs-, Ordnungs- oder Landratsamt. Abgelehnt wird übrigens nur in Ausnahmefällen.

BEIM EINZUG RENOVIEREN? NUR GEGEN MIETNACHLASS!

„Do it yourself" lautet meist das Motto beim Umzug. Schließlich bist du jung und das Budget ist knapp. Doch nicht nur das Einpacken, Kisten schleppen und Einräumen lassen sich in Eigenregie erledigen – ist die Wohnung unrenoviert und winkt der Vermieter mit einem Mietnachlass, traut sich mancher plötzlich auch das Tapezieren, das Abschleifen von Parkettböden oder das Einziehen von Zwischenwänden zu. Das ist für Handwerker-Laien nicht ohne – vor allem nicht ohne Risiken. Bevor also das Abenteuer Heimwerken nach hinten losgeht, solltest du ein paar Dinge bedenken.

1. Mieter muss nicht renovieren

Ziehst du in eine unrenovierte Wohnung und bekommst keinen angemessenen Ausgleich vom Vermieter, musst du auch nicht renovieren – weder vor dem Einzug noch während der Mietdauer noch beim Auszug. So hat der Bundesgerichtshof (BGH) 2015 geurteilt (Az. VIII ZR 185/14). Allerdings ist es oft schwer zu entscheiden, ob eine Wohnung renoviert ist oder nicht. Der Vermieter ist nicht verpflichtet, sie vor deinem Einzug komplett frisch malern zu lassen.

Damit eine Wohnung als renoviert durchgeht – und der Vermieter per Vertragsklausel Schönheitsreparaturen auf dich abwälzen darf –, reicht es oft schon aus, wenn er erhebliche Abnutzungs- und Gebrauchsspuren des Vormieters beseitigt. Laut BGH ist der „Gesamteindruck einer renovierten Wohnung" wichtiger als ein paar einzelne Kratzer oder Flecken.

Extra-Tipp: Um beim Auszug ohne Renovierung davonzukommen, musst du beweisen, dass die Wohnung zu Beginn renovierungsbedürftig war. Dabei kann ein Übergabeprotokoll mit Fotos wertvolle Dienste leisten. Auch Belege über eigene Renovierungskosten stärken deinen Standpunkt. Außerdem hilft es, wenn Umzugshelfer oder Handwerker den ursprünglich unrenovierten Zustand der Wohnung bezeugen können.

2. Ausgleich muss angemessen sein

Enthält ein Formularmietvertrag eine Klausel, wonach du eine unrenoviert übernommene Wohnung zu renovieren hast – egal wann –, ist diese Klausel unwirksam. Anders liegen die Dinge, wenn der Vermieter dir einen „angemessenen Ausgleich" zahlt: Dann darf er die Renovierung auf dich abwälzen. Der Ausgleich besteht in aller Regel darin, dass du für eine bestimmte Zeit nur einen Teil der Miete oder gar keine Miete zahlst. Laut BGH musst du dadurch jedoch so gestellt werden, als hättest du eine renovierte Wohnung übernommen. Im Streitfall vor Gericht müsste der Vermieter dann nachweisen, dass der von ihm gezahlte Ausgleich „angemessen" war. Zur Orientierung: BGH-Richter urteilten, dass eine halbe Monatsmiete Nachlass für Malerarbeiten in drei Zimmern zu wenig ist.

Extra-Tipp: Wie hoch der Ausgleich sein muss, hat der Bundesgerichtshof offen gelassen. Dieser hängt vom Aufwand für die Renovierung ab. Faustregel: Malerst du selbst, muss der Ausgleich Zeit- und Materialeinsatz abdecken. Bei 500 Euro Miete dürften zwei bis drei Monatsmieten – zusätzlich zur Renovierungsdauer – in Betracht kommen. Willst du malern lassen, holst du am besten vorher einen Kostenvoranschlag ein.

3. Wenn malern, dann ordentlich

Willst du vor dem Einzug Schönheitsreparaturen erledigen, können dazu neben dem Malern auch das Tapezieren der Wände, das Streichen von Fußböden, Reinigen von Teppichböden sowie das Streichen von Heizkörpern, Türen und Fenstern (Wohnungstür und Fenster nur von innen!) gehören. Bevor du loslegst, solltest du jedoch deine handwerklichen Fähigkeiten und dein Zeitbudget ehrlich einschätzen. Schaffst du alle Arbeiten vor dem Einzug? Hast du Freunde oder Verwandte, die dir helfen können? Falls nicht, dann beauftrage eine Handwerkerfirma – und investiere den Mietnachlass in Profi-Qualität.

Extra-Tipp: Willst du die Wohnung beim Einzug freiwillig nach deinen Wünschen renovieren, schließe eine individuelle Vereinbarung mit dem Vormieter ab und entbinde ihn von der Pflicht, beim Auszug zu malern. Vorher holst du die Zustimmung des Vermieters ein.

4. Böden sind Vermietersache

Das Abschleifen und Versiegeln von Holzböden fällt nicht unter Schönheitsreparaturen! Grundsätzlich ist das Erneuern verschlissener Böden Sache des Vermieters – es sei denn, du hast sie beschädigt. Normale Gebrauchsspuren sind hinzunehmen, doch ist das Parkett stark verschlissen, moniere das bei der Übernahme. Parkett sollte laut Rechtsprechung spätestens nach 15 Jahren abgeschliffen und versiegelt oder erneuert werden, bei Teppich und Laminat liegt die Nutzungsdauer bei zehn Jahren.

Extra-Tipp: In der Praxis ist es oft sinnvoll, nicht mit dem Vermieter zu streiten, sondern sich an den Kosten zu beteiligen. Schleifst du Holzböden selbst ab und machst Fehler, musst du den Schaden ersetzen.

5. Handwerkerkosten absetzen

Handwerkerkosten, für die du keinen Ausgleich bekommen hast, gibst du in der Steuererklärung an. 20 Prozent davon zieht das Finanzamt von deiner Steuerlast ab. Geltend machen kannst du bis 20 000 Euro – die Ersparnis beträgt maximal 4 000 Euro.

Extra-Tipp: Das Finanzamt erkennt nur Lohnkosten an – nicht die Ausgaben für Material. Du brauchst also eine Rechnung, in der die Kosten separat aufgeführt sind, sowie einen Beleg, dass du das Geld überwiesen hast.

WO KOMMT DIE WÄRME HER?

… klar, aus dem Heizkörper. Aber woraus wird sie gewonnen? Das interessiert dich nicht? Sollte es aber. Schließlich geht ein Großteil deiner Nebenkosten für Heizung und Warmwasser drauf. Da wäre es doch gut zu wissen, was dich erwartet – zumindest ungefähr.

Schon mal vorab: Im Schnitt gehen lediglich 75 Prozent der Heizkosten auf den Verbrauch von Heizenergie zurück. Der Rest sind Ausgaben für Schornsteinfeger, Betriebsstrom, die Wartung der Anlage und den Ablesedienst. Diese „Heiznebenkosten" werden nach Wohnfläche auf alle Mieter umgelegt.

Erdgas

Wie geht das? Im Brenner einer Gasheizung – fürs ganze Haus oder etagenweise – wird Erdgas verbrannt. Die entstehende Wärme wird über Wärmetauscher ans Heizungswasser abgegeben und in die Heizkörper deiner Wohnung gepumpt.

Was kostet das? 1 Kilowattstunde Erdgas kostete 2016 durchschnittlich 6,4 Cent. In einem Haus mit sechs oder mehr Wohnungen wurden für eine Wohnung mit 70 Quadratmetern im Schnitt 810 Euro fällig (Quelle: Heizspiegel.de).

Gut zu wissen Am effizientesten ist eine Brennwertheizung. Ist noch ein alter Kessel in Betrieb, kannst du nur über cleveres Heizen sparen (siehe S. 214).

Heizöl

Wie geht das? Ölheizungen nutzen in einem Öltank gelagertes Heizöl als Brennstoff. Die entstehende Wärme wird über Wärmetauscher ans Heizungswasser abgegeben und in den Heizkreislauf gepumpt. Heutzutage sollte ein effizienter Brennwertkessel Standard sein.

Was kostet das? Heizöl ist vergleichsweise günstig. 1 Kilowattstunde kostete 2016 im Jahresmittel 4,9 Cent (2013: ca. 8 Cent). Für den Vergleichshaushalt (siehe „Erdgas") wurden 2016 im Schnitt 665 Euro fällig.

Gut zu wissen Steigt der Ölpreis, steigen auch deine Heizkosten. Hinzu kommt: Eine Ölheizung verursacht rund ein Drittel mehr CO_2 als eine Gasheizung.

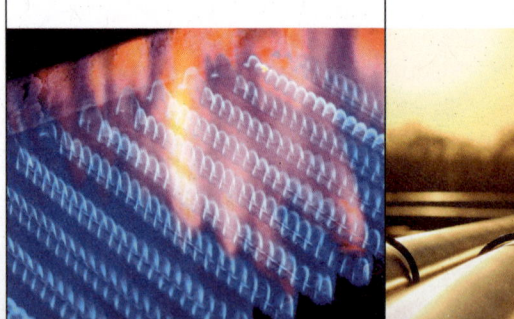

Fernwärme

Wie geht das? Fernwärme wird vor allem in Ballungszentren angeboten. Geliefert wird sie über Rohrleitungen aus einem Kraftwerk, das etwa Kohle, Erdgas oder Biomasse verbrennt. Der größte Teil der Wärme entsteht als Abfallprodukt der Stromerzeugung, was diese Technik höchst effizient macht.

Was kostet das? Im Jahr 2016 kostete 1 Kilowattstunde Fernwärme im Schnitt 9,1 Cent. Für 70 Quadratmeter im mittelgroßen Mehrfamilienhaus ergab das inklusive Heiznebenkosten rund 930 Euro.

Gut zu wissen Fernwärme ist vergleichsweise teuer. Gut, wenn euer Haus ausreichend gedämmt ist und du mit „Köpfchen" heizt.

Elektroenergie

Wie geht das? Durchfließt Strom Drähte mit hohem Widerstand, erwärmen sie sich. Die Wärme wird direkt oder über eine Oberfläche an die Raumluft abgegeben. Üblich sind auch Speicherheizungen (z. B. Nachtspeicheröfen) und mobile Geräte (z. B. Ölradiatoren).

Was kostet das? 1 Kilowattstunde Strom kostete 2017 im Schnitt 29,16 Cent. Manche Versorger bieten Heizungstarife an, trotzdem sind die Betriebskosten relativ hoch – und die Strompreise dürften eher steigen.

Gut zu wissen Mobile Heizer und Wandgeräte eignen sich als Zusatz-Wärmequellen. Sie sind preisgünstig in der Anschaffung und einfach zu installieren.

Scheitholz/Pellets

Wie geht das? Moderne Holzzentralheizungen gewinnen Wärme durch das Verbrennen von Holz und der entstehenden Gase. Verbrannt werden gepresste Holzspäne (Pellets) oder Scheitholz, die in Vorratsbehältern gelagert werden.

Was kostet das? Pellets zählten 2016 mit 4,9 Cent pro Kilowattstunde zu den günstigsten Energieträgern. Der Vergleichshaushalt hatte im Schnitt 665 Euro Heizkosten, für Scheitholz (3,3 Cent/kWh) wurden sogar nur 300 Euro fällig. Die Preise gelten als relativ stabil.

Gut zu wissen Holzzentralheizungen arbeiten klimaneutral und hocheffizient, sind jedoch derzeit noch wenig verbreitet.

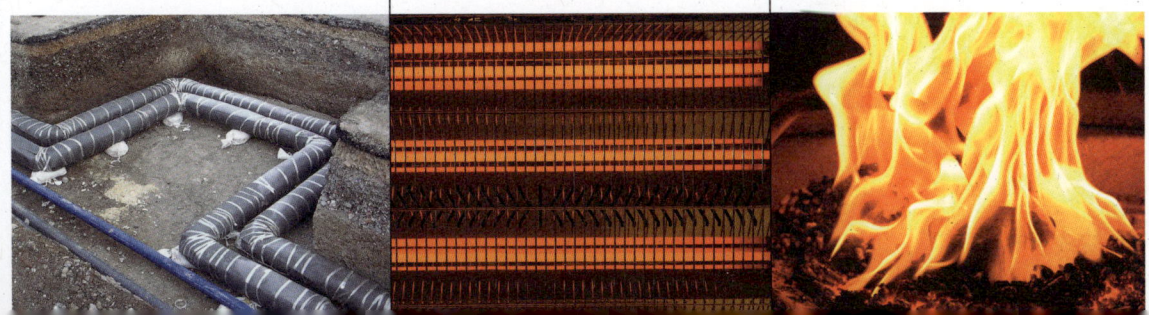

WO IST WAS IN DER WOHNUNG?

Strom, Wasser, Wärme – außer Luft wird alles, was du verbrauchst, gemessen. Schon heute gibt es Geräte, die den Verbrauch von sich aus an den Versorger melden. Vermutlich läuft es in deiner Wohnung aber noch auf die alte Tour.

Das heißt: Die Zähler werden abgelesen. Gut, wenn du weißt, wo was ist und welcher Schlüssel für welchen Kasten passt. Probier es am besten bald mal aus.

Bei der Gelegenheit guckst du gleich im Sicherungskasten nach: Welcher Schalter ist für welchen Stromkreis? Nicht, dass du jedes Mal den Kühlschrank lahmlegst, wenn du den Strom im Wohnzimmer unterbrechen willst.

Sicherungskasten

Hier findest du ihn Der Sicherungs- oder Verteilerkasten ist – Achtung: Profiwissen – der Unterverteiler des Hausstromkreises. Er befindet sich im Keller, im Hausanschlussraum oder in der Wohnung, z. B. im Abstellraum. Du erkennst ihn an Dreh- oder Kippschaltern, die verschiedenen Räumen zugeordnet sind.

So funktioniert er Der Unterverteiler leitet den Strom zu Steckdosen und Beleuchtung sowie Abzweigdosen für die Stromkreise. Ist eine Leitung überlastet, „springt" der jeweilige Schalter um.

Und sonst? In neueren Häusern enthält der Verteiler einen FI-Schutzschalter, der vor lebensgefährlichen Stromschlägen schützt.

Stromzähler

Hier findest du ihn Der Stromzähler hängt in der Wohnung, im Treppenhaus oder im Keller – dort oft im Hausanschlussraum. Häufig stehen zwei Nummern auf dem Zähler – die Seriennummer und die Zählernummer. Letztere sollte im Übergabeprotokoll und auf deinen Stromrechnungen stehen.

So funktioniert er Der fließende Wechselstrom erzeugt im Zähler zwei Magnetfelder, die eine Metallscheibe rotieren lassen. Deren Achse ist mit einem Zählwerk verbunden.

Und sonst? In den nächsten Jahren werden viele Zähler gegen digitale Geräte ausgetauscht. Kosten für Mieter: bis 20 Euro im Jahr.

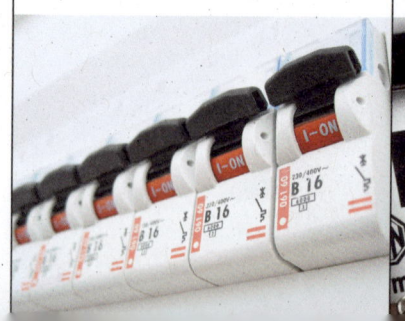

Wasserzähler

Hier findest du sie Besitzt die Wohnung einen oder mehrere Wasserzähler („Wasseruhren"), sind sie meist im Bad/WC und/oder in der Küche angebracht. In vielen Häusern gibt es nur einen Wasserzähler im Keller. Dann werden die Kosten für Wasser nicht nach dem Verbrauch, sondern nach der Wohnfläche umgelegt.

So funktionieren sie Wasserzähler messen die Menge des durchfließenden Kalt- und Warmwassers. Sie besitzen ein Zählwerk und meist einen Absperrhahn in unmittelbarer Nähe.

Und sonst? Als Mieter hast du leider keinen Anspruch auf Wasserzähler. Ob und wann der Vermieter welche einbaut, entscheidet er.

Heizkostenverteiler/ Wärmezähler

Hier findest du sie Heizkostenverteiler sind kleine, an Heizkörpern angebrachte Messgeräte. Sie besitzen mit Flüssigkeit gefüllte Röhrchen oder eine Digitalanzeige. Alternativ wird der Verbrauch über einen Wärmezähler in der Wohnung oder im Keller gemessen.

So funktionieren sie Verdunstungs- und elektronische Verteiler erfassen den Verbrauch, indem die Flüssigkeit im Röhrchen auf der Vorderseite verdunstet. Wärmezähler messen die Temperaturdifferenz zwischen Vor- und Rücklauf.

Und sonst? Laut Gesetz sind 50 bis 70 Prozent der Heizkosten nach Verbrauch abzurechnen.

Anschlussdose(n)

Hier findest du sie Wohnungen in Neu- und modernisierten Altbauten besitzen meist mindestens eine Anschlussdose. Diese befindet sich im Wohnzimmer in Höhe der Steckdosen. Je nach Ausführung bietet sie einen TV- und UKW-Anschluss oder einen zusätzlichen Anschluss für Satellitenfernsehen oder Kabelmodem.

So funktioniert sie Eine Anschlussdose liefert ein per Kabelnetz übertragenes Signal zum Anschluss von TV und Radio und eventuell auch einen Internetzugang.

Und sonst? Willst du deinen Kabelanschluss für Internet nutzen, hast aber nur TV- und Radiobuchse, schickt dir dein Anbieter einen Aufsteckadapter zu.

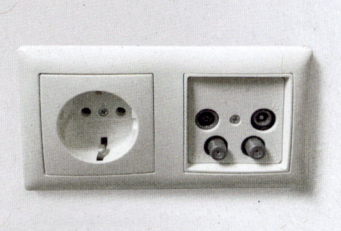

WUNDERTÜTE NEBENKOSTEN

Bei deiner Kaltmiete weißt du vorher, was auf dich zukommt. Anders bei der „zweiten Miete", den Nebenkosten. Dafür zahlst du jeden Monat im Voraus einen bestimmten Betrag zusätzlich. War dieser zu hoch angesetzt, erhältst du im Folgejahr eine Rückzahlung – falls nicht, musst du womöglich nachzahlen. Die Stunde der Wahrheit ist meist im Sommer oder Herbst, wenn die Abrechnung im Briefkasten liegt. Darin hat der Vermieter die tatsächlich angefallenen Kosten mit deinen Vorauszahlungen verrechnet. Das kann korrekt sein – muss aber nicht. Deshalb lohnt sich ein kritischer Blick.

Geht es um laufende Kosten?

Als Neben- oder Betriebskosten darf der Vermieter nur laufend anfallende Kosten auf die Mieter umlegen. Insgesamt 17 Kostengruppen kommen infrage, darunter Wasserversorgung, Entwässerung, Heizung/Warmwasser, Fahrstuhl (Strom und Wartung), Straßenreinigung/Müllabfuhr, Hausreinigung, Gartenpflege, Beleuchtung (Treppenhaus, Keller, Außenbereich), Kabel/Antenne, Hausmeister und Schornsteinfeger.

Extra-Tipp: Lässt der Vermieter regelmäßig Ungeziefer beseitigen, musst du einen Anteil zahlen – kommt der Kammerjäger nur, um ein Wespenvolk umzusiedeln oder Motten zu bekämpfen, zahlst du nichts.

Sind „sonstige" Kosten benannt?

Ärger gibt es oft beim Punkt „sonstige Kosten". Was dazugehört, muss im Mietvertrag aufgeführt sein. Beispiel Dachrinnen: Ihre Reinigung gehört weder zu Entwässerung noch zu Hausreinigung. Nur wenn die Ausgaben im Vertrag bei den sonstigen Kosten stehen, musst du dafür zahlen.

Hat der Vermieter Geld verbraten?

Ob Heizöl oder Winterdienst: Der Vermieter muss sparsam wirtschaften. Das heißt aber nicht, dass er stets das billigste Angebot wählen muss. Weichen deine Kosten stark von den unter mieterbund.de genannten Durchschnittswerten ab, solltest du beim Vermieter Einsicht in die Verträge nehmen, auffällig hohe Ausgaben schriftlich monieren und um Erklärung bitten.

Extra-Tipp: Nach Eingang der Abrechnung hast du ein Jahr Zeit, um Einwände dagegen vorzubringen. Eine Nachforderung musst du spätestens vier Wochen nach dem Erhalt zumindest teilweise begleichen.

Was tun in strittigen Fällen?

Bis zur Klärung zahlst du eine etwaige Nachforderung „unter dem Vorbehalt einer Rückforderung". Variante zwei: Du behältst den umstrittenen Teil der Nachzahlung so lange ein, bis deine Fragen geklärt sind.

CHECKLISTE „NEBENKOSTEN"

1 `Frist checken` Hat dein Vermieter die Abrechnungsfrist eingehalten? Zeit dafür hat er bis zwölf Monate nach Ende des Abrechnungszeitraums, also das ganze Folgejahr.

2 `Posten vergleichen` Schau vor allem bei der ersten Abrechnung zur Sicherheit in deinen Mietvertrag. Abgerechnet werden dürfen nur vereinbarte Nebenkosten. Entweder sind sie einzeln aufgeführt oder der Vertrag enthält einen Verweis auf die Betriebskostenverordnung. „Sonstige" Nebenkosten müssen in der Abrechnung erläutert sein.

3 `Ausgaben prüfen` Wirf einen genauen Blick auf die einzelnen Posten. Haben Vermieter oder Verwaltung nicht umlagefähige Kosten korrekt herausgerechnet? So musst du Ausgaben für Reparaturen und Verwaltung nicht übernehmen. Diese müssen zum Beispiel auch von den Kosten für den Hausmeister abgezogen werden.

4 `Verteilerschlüssel suchen` Bei jedem Posten muss angegeben sein, wie sich dein Anteil errechnet. Schau besser nach, ob das Prozedere mit dem im Mietvertrag angegebenen Umlagemaßstab übereinstimmt.

5 `Leerstand rausrechnen` Stand im Abrechnungszeitraum eine Wohnung leer? Die Nebenkosten dafür muss die Verwaltung selbst tragen und darf sie nicht auf andere Mieter umlegen. Ein Indiz dafür können im Vergleich zum Vorjahr stark erhöhte Werte sein (siehe Punkt 8).

6 `Berechnung checken` Verstehst du anhand der Abrechnung, wie sich deine Gesamtsumme errechnet? Stimmt die Addition der Einzelposten? Kannst du die Erläuterungen des Vermieters nachvollziehen? Ja, ja und ja? Alles gut. Nächster Punkt.

7 `Vorauszahlungen gegenrechnen` Deine übers Jahr geleisteten monatlichen Abschlagszahlungen muss der Vermieter am Ende der Abrechnung von den auf dich entfallenden Nebenkosten abziehen. Übrig bleibt eine Nachzahlung oder eine Erstattung. Überprüfe ruhig, ob er richtig gerechnet und alle Abschläge abgezogen hat.

8 `Einsicht nehmen` Da du selbst noch keine Vergleichswerte hast, frage Nachbarn, ob Posten im Vergleich zum Vorjahr stark gestiegen sind. Eventuell hat der Vermieter die Hausmeisterfirma gewechselt oder andere überteuerte Verträge geschlossen? Du hast das Recht, Einsicht in diese Verträge zu nehmen.

ATOMSTROM SPAREN?

IN DER GRUNDVERSORGUNG ZU BLEIBEN geht ordentlich ins Geld. Den Verbrauch zu drosseln, schont das Budget.

Mach statt des Lichts besser öfter mal den Fernseher oder den Drucker aus – beide ziehen auch im **STAND-BY-BETRIEB** Einiges an Strom.

Ersetze Halogen- und herkömmliche Energiesparlampen Schritt für Schritt durch **LED-LAMPEN**. Sie verbrauchen am wenigsten Energie, und es gibt sie in jeder Größe, Form und Lichtfarbe.

DA KANNST DU SPAREN, wie du willst: Der Grundtarif der örtlichen Stadtwerke ist meist die mit Abstand teuerste Variante. Wechselst du nicht vor dem Einzug oder nimmst deinen bisherigen Tarif mit, übernehmen die Stadtwerke automatisch die „Grundversorgung". Ein Vertrag kommt schon zustande, sobald du zum ersten Mal auf den Lichtschalter drückst. Das heißt: Du stehst nach dem Einzug auf keinen Fall ohne Strom da, weißt aber weder, was er kostet, noch wie er produziert wird. Am besten kümmerst du dich zügig um einen Wechsel.

GRÜNES LICHT!

GÜNSTIGEN STROM BEKOMMST DU, wenn du bei deinem Grundversorger in einen anderen Tarif wechselst oder dir einen neuen Anbieter suchst.

Bist du beim Einzug in der **GRUNDVERSORGUNG** gelandet, gilt beim Anbieterwechsel eine gesetzliche Kündigungsfrist von drei Wochen.

Wer einen Sondertarif abgeschlossen oder den Anbieter gewechselt hat und umzieht, besitzt ein **SONDERKÜNDIGUNGSRECHT**. Was dabei zu beachten ist, steht in den Vertragsbedingungen.

OB ÖKOSTROM ODER NICHT – mit einem Wechsel kannst du viel Geld sparen. Aus deiner Steckdose kommt dennoch weiterhin derselbe Strom. Stell dir das so vor, dass allen Kunden ein See zur Verfügung steht, aus dem sie Wasser – also Strom – entnehmen. Wichtig ist, was in den See eingespeist wird. Schließt du einen Öko-Tarif ab, fließt künftig mehr sauberer Strom in den dreckigen See. Und wenn der saubere Strom dann noch günstiger ist als der dreckige, hast du alles richtig gemacht – und kannst guten Gewissens das Licht anschalten.

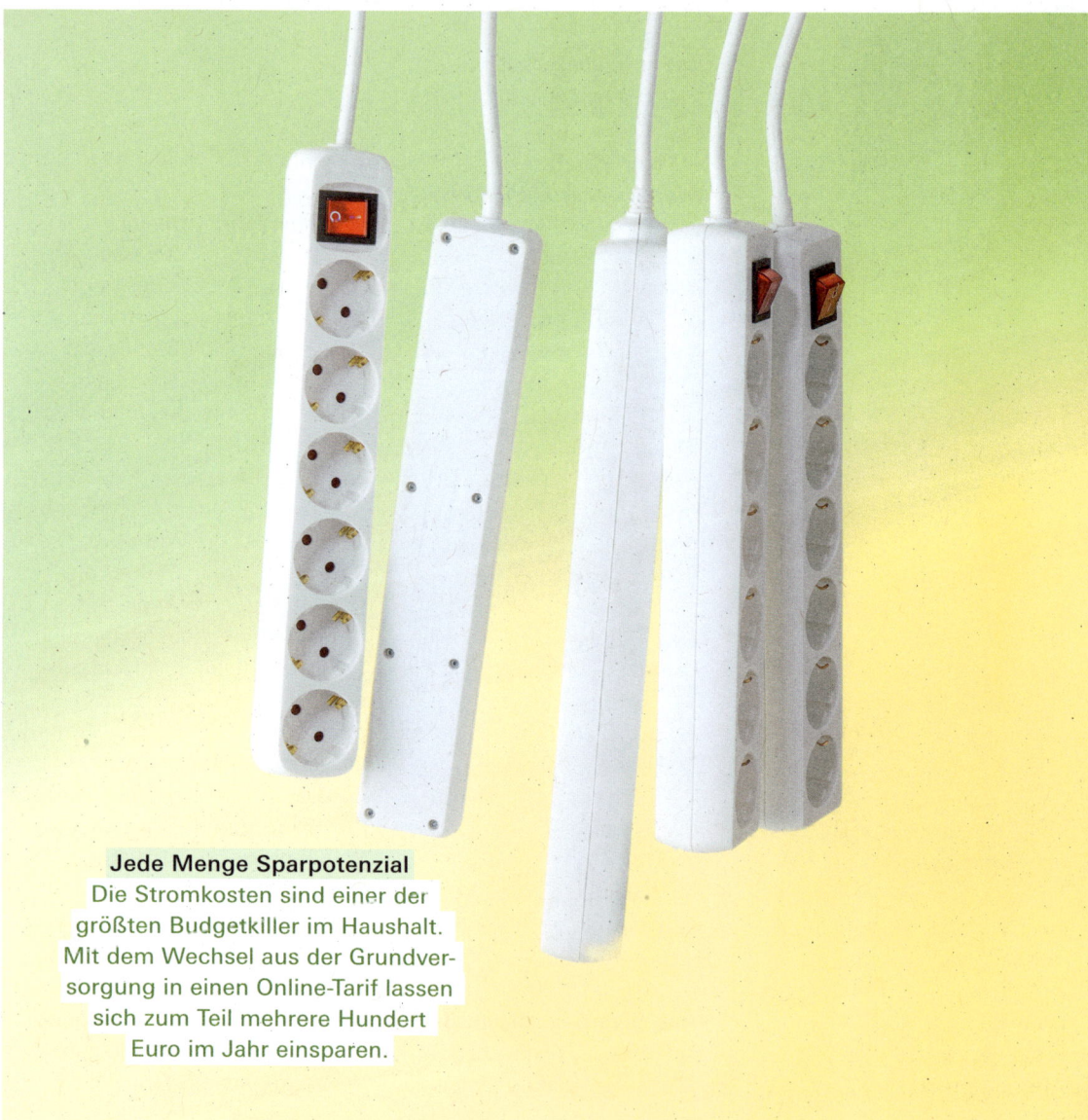

Jede Menge Sparpotenzial
Die Stromkosten sind einer der
größten Budgetkiller im Haushalt.
Mit dem Wechsel aus der Grundversorgung in einen Online-Tarif lassen
sich zum Teil mehrere Hundert
Euro im Jahr einsparen.

HER MIT DEM SPARSTROM!

Um Tarif oder Versorger zu wechseln, solltest du wissen, wie viel Strom du im Jahr in etwa benötigst. Hast du selbst keinen Vergleichswert, kannst du den Vormieter fragen, was er verbraucht hat. Außerdem stellen die einschlägigen Vergleichsportale Richtwerte für Ein-, Zwei- und Mehrpersonenhaushalte zur Verfügung.

Erst vergleichen Auf der Seite des örtlichen Grundversorgers findest du Tarife, die er sonst noch anbietet. Oft kannst du bereits mit einem reinen Online-Tarif sparen. Du kannst aber auch ein Vergleichsportal im Internet ansteuern. Auf verivox, check24 & Co gibst du deine Postleitzahl und den geschätzten Verbrauch ein und schon wird eine nach Preis geordnete Liste mit Angeboten angezeigt.

Optionen checken Um kein Risiko einzugehen, vermeide Strompakete, die du im Voraus bezahlen musst. Bei fairen Tarifen zahlst du einen monatlichen Abschlag und bekommst eine Jahresrechnung. Achte auf maximal zwölf Monate Vertragslaufzeit, maximal sechs Wochen Kündigungsfrist und mindestens zwölf Monate Preisgarantie. Wichtig: Der Tarif muss auch ohne Neukundenbonus günstig sein. Oft wird dieser erst nach einem Jahr gezahlt und fällt ab dann weg.

Kontakt aufnehmen Hast du ein günstiges Angebot gefunden, kannst du es direkt über das Vergleichsportal aufrufen und die benötigten Angaben eintragen. Dazu gehören persönliche Daten, Angaben zu deinem Anschluss sowie Zahlungsinformationen.

Neuen Vertrag abschließen Am Ende schließt du per Mausklick deinen Liefervertrag ab. Den Zählerstand liest du jedoch erst am Tag des Wechsels ab. Bis dahin heißt es für dich: abwarten.

Alten Vertrag kündigen Die Abmeldung beim alten Anbieter macht in der Regel keinen Stress, da der neue Lieferant sie übernimmt. Beim Vertragsabschluss erteilst du ihm die Vollmacht dazu. Um sich keine unnötige Arbeit zu machen, warten viele Anbieter jedoch zunächst die Widerrufsfrist von 14 Tagen ab. Der alte Anbieter schickt dir dann eine Kündigungsbestätigung und erstellt die Abschlussrechnung.

Letzte Formalien klären Ist die Ummeldung vollzogen, bekommst du vom neuen Anbieter ein Begrüßungsschreiben. In dem Brief steht, wann er mit der Belieferung beginnt und welchen Abschlag du monatlich zu zahlen hast. Teile ihm außerdem den Zählerstand zum Vertragsbeginn mit.

Style haben – Post bekommen
Ein Namensschild ist wichtiger als bunte Aufkleber. Damit alle Sendungen ankommen, sollte spätestens zum Einzug erkennbar sein, welcher Briefkasten zu dir gehört.

CHECKLISTE „UMMELDEN"

Behörden, Dienstleister, Freunde – wer umzieht, muss anderen seine neue Adresse mitteilen. Manchmal reicht eine E-Mail, doch oft sind Verträge zu ändern oder Dokumente zu beantragen. Damit du dich nicht verzettelst, fange beizeiten an und plane genügend Zeit ein.

8 Wochen vor dem Umzug Buche jetzt schon einen Termin bei der zuständigen Meldebehörde – du musst dort nach dem Umzug deinen neuen Wohnsitz innerhalb von zwei Wochen anmelden. Auch die Kfz-Zulassungsstellen haben oft lange Wartezeiten. Nur in Hamburg läuft die komplette Ummeldung online.

4 Wochen vor dem Umzug Kommst du nicht dazu, alle und jeden vorab zu informieren, stelle auf post.de einen Nachsendeauftrag. Die Post wird dir dann automatisch an die neue Adresse gesendet. Das kostet für sechs Monate 19,90, für zwölf Monate 26,90 und für 24 Monate 34,90 Euro.

3 Wochen vorher Motto: Eine Wohnung – ein Rundfunkbeitrag. Ob sich Hauptmieter oder Untermieter auf rundfunkbeitrag.de anmelden und die 17,50 Euro pro Monat löhnen, ist egal. Befreien lassen können sich Empfänger von BAföG und BAB – FSJler und Bufdis müssen dagegen löhnen.

2 Wochen vorher Informiere schriftlich den Arbeitgeber, die Krankenkasse, dein bisheriges Finanzamt sowie deine Bank. Soll auch dein Girokonto umziehen oder willst du ein neues eröffnen: Wende dich an deine neue Bank und nutze deren digitalen Wechselservice. Innerhalb von zwölf Geschäftstagen sollte alles erledigt sein.

Woche 1 oder 2 nach dem Umzug Mit Personalausweis oder Reisepass, Mietvertrag und der Einzugsbestätigung des Vermieters meldest du dich beim Einwohnermeldeamt an. Für die Kfz-Ummeldung brauchst du Personalausweis, Nummernschilder, Fahrzeugschein und -brief, eVB-Nummer sowie HU/AU-Bescheinigung. In beiden Fällen müssen du oder ein Beauftragter erscheinen – Vollmacht nicht vergessen!

So schnell wie möglich Damit Rechnungen und Lieferungen sofort an der neuen Adresse landen, melde diese Versandhändlern und trage sie in Online-Profile von Shops ein, bei denen du Kunde bist. Informiere auch Versicherungen, Internet- und Mobilfunkanbieter sowie Vereine und Organisationen, in denen du Mitglied bist. Falls du Freunde und Verwandte bislang vergessen hast, wäre jetzt der Moment für eine Nachricht.

So Flat wie möglich
Bevor du deinem WLAN einen coolen Namen verpasst, solltest du darauf achten, dass dein Internet-tarif keine Datenbegrenzung hat und die Bandbreite zu deinem Nutzungsverhalten passt.

CHECKLISTE „INTERNET"

Shoppen, skypen, Serien streamen – an einem Internet-Anschluss führt kein Weg vorbei. Da es ein paar Wochen dauern kann, bis er funktioniert, solltest du dich möglichst früh um einen passenden Tarif kümmern – am besten, sobald du die Wohnung hast.

1 Infos sammeln Damit der Anbieter deinen Anschluss problemlos freischalten kann, braucht er neben Adresse und Etage auch Angaben wie Vorder- oder Hinterhaus. Auch Name und – falls vorhanden – Festnetznummer des Vormieters sind hilfreich.

2 Anbieter vergleichen Telefonleitung (DSL/VDSL), TV-Kabel (Kabel-DSL), Glasfaser (FTTH/FTTB) oder Mobilfunk (LTE) – informiere dich, welche Zugangsmöglichkeiten in deiner Wohnung verfügbar sind. Neben der Schnelligkeit ist die Zuverlässigkeit wichtig – und natürlich der Preis. Nachteil: Bei DSL und Kabel-DSL musst du meist einen Anschluss für Festnetztelefonie mitbuchen – auch wenn du ihn gar nicht brauchst.

3 Zugangsart auswählen In Großstädten kannst du meist zwischen mehreren Varianten wählen. Bei DSL- und TV-Kabelanbietern kannst du Flatrates buchen. Faustregel: Nur, wenn weder ein DSL- noch Kabel-DSL- oder Glasfaseranschluss verfügbar sind, kommt ein Mobilfunktarif infrage. Nachteil: Hast du bei Internet über Mobilfunk die vertraglich vereinbarte Datenmenge verbraucht, wird das Tempo deutlich gedrosselt.

4 Bandbreite checken Nutzt du regelmäßig die Dienste von Amazon Video, Netflix, YouTube & Co oder wohnst du nicht allein, solltest du dir etwas mehr Bandbreite gönnen. Ein Anschluss mit 16 MBit/s reicht dann kaum noch aus. Auch für größere Downloads, etwa Updates, ist das die absolute Untergrenze – sonst dauern sie einfach zu lange. Legst du zusätzlich zum Video-Konsum große Datenmengen in der Cloud ab und bist permanent in sozialen Netzwerken unterwegs, kann es sogar mit 50 MBit/s eng werden. Seid ihr zwei oder mehr Heavy User, sind sogar 100 MBit/s ratsam.

5 Hardware besorgen Neben Anschluss und Zugang brauchst du auch Hardware, um ins Internet zu kommen. Meist stellt dir dein Anbieter – eventuell gegen Aufpreis – ein Modem zur Verfügung, das zugleich als WLAN-Router fungiert. Je nach technischer Ausstattung entscheidest du dann, ob du Rechner, TV & Co per Netzwerkkabel, Stromleitung oder drahtlos ans weltweite Netz anschließt.

Der Mietvertrag ist unterschrieben, der Vormieter ausgezogen – deine Wohnung wartet auf dich. Bevor du umziehst, heißt es jedoch, gründlich auszumisten, clever zu packen und sich als Organisationstalent zu beweisen. Du weißt schon: Umzugswagen mieten, Helfer anheuern, einen Stellplan für die Möbel zeichnen – damit am Tag X alles wie am Schnürchen läuft...

EINPACKEN, UMZIEHEN, ANKOMMEN

MACH DIR EINEN PLAN – UND DANN KLARE ANSAGEN

Der Vertragskram ist erledigt, deine Wohnung wartet auf dich. Jetzt geht es darum, die neue Bleibe auf Vordermann zu bringen und deine Habseligkeiten dorthin zu verfrachten. Je nachdem, wie weit die Reise geht und wie viel du besitzt, artet ein Umzug schnell in einen Kraftakt aus – vor allem, wenn du alles auf den letzten Drücker erledigst. Leg dir also deinen persönlichen Umzugs-Countdown zurecht. Du startest ihn ungefähr vier Wochen vor dem Tag X. Die gute Nachricht: Bei der Planung musst du das Rad nicht neu erfinden, sondern kannst auf Bewährtes zurückgreifen und findest Hilfe über dein Smartphone.

1. Überblick dank Umzugs-App

Es wäre ein Wunder, wenn es gerade für Umzüge keine App gäbe. Und tatsächlich gibt es unzählige. Mit „Umzugshelfer" von Immowelt und „Mein Umzug" von Immoscout 24 hast du wichtige Termine im Blick. Den richtigen Umzugswagen kannst du über „app2drive" mieten. Mit „My Measures" kannst du Räume fotografieren und Maße in die Fotos eintragen, die du dann beim Möbelkauf parat hast. „Magicplan" erstellt anhand von Fotos einen Grundriss deiner Wohnung. Während „Paint Tester" Wänden einen virtuellen Anstrich verleiht, schlägt der „Farbfinder" der Baumarktkette OBI anhand von Fotos passende Farbtöne sowie Kontrastfarben für Wandflächen vor.

2. Ein deutliches Wort an die Helfer

Dass Technik allein keinen Umzug meistert, leuchtet ein. Doch auch der beste Plan scheitert, wenn sich nicht alle Beteiligten daran halten. Daraus folgen unter anderem zwei Dinge. Erstens: Überlege dir einen Ablaufplan für den Umzugstag und teile ihn deinen Helfern mit. Du bist der Boss und trägst die Verantwortung, schließlich ist es dein Umzug. Zweitens: Auf neunmalkluge Helfer, die alles besser wissen und andere mit ihrem umfangreichen „Expertenwissen" von der Arbeit abhalten, kannst du gut verzichten. Ebenfalls extrem kontraproduktiv sind Raucherpausen-Junkies, die eigentlich nie greifbar sind, wenn man sie mal braucht. Schnapp dir solche „Helfer" beizeiten und rede ein offenes Wort mit ihnen. Hilft das nichts, schickst du deine Wackelkandidaten besser Proviant kaufen.

3. Richtig heben – Rücken schonen

Nur mal am Rande: Ein Umzug darf kein Grund sein, sich Wirbelsäule und Rückenmuskulatur zu ruinieren. Wobei Umzüge genau dazu Gelegenheit bieten. Und das geht schnell: Du musst nur die Umzugskisten bis zum Anschlag vollpacken, sodass sie sich kaum bewegen lassen, zumal auch die Griffe blockiert sind. Dann: Backen aufblasen und Kiste aus der aufrechten Position mit gestreckten Beinen in einem Ruck hochwuchten. Das Ganze geht erfreulicherweise auch geschmeidiger: Begib dich in die Hocke, halt die Wirbelsäule möglichst gerade und hebe die nicht zu volle Kiste mit der Kraft deiner Beine an. Beim Absetzen machst du es in umgekehrter Reihenfolge. Deine Bandscheiben werden es dir danken.

4. Ein Fall für den Schlüsseldienst

Plötzlich macht es: Rums! Die Wohnungstür ist zugefallen, keiner ist mehr drin und der Schlüssel – weg. Variante 1 (extrem blöd): Er steckt von innen. Variante 2 (ganz schön blöd): Du weißt nicht, wo er ist, und das Suchen kostet jede Menge Zeit. Dann muss halt der Schlüsseldienst helfen. Gut, wenn du in weiser Voraussicht ein paar Nummern halbwegs fair kalkulierender Firmen im Handy hast. Die 100 Euro kannst du dir aber sparen, indem du die Tür zu Beginn mit einem Türstopper sicherst – entweder per Kunststoff- oder Holzkeil auf dem Boden oder Taustück („Türboy"), das du mit einer Öse am Knauf (außen) und der anderen an der Klinke (innen) befestigst.

5. Leerer Magen schleppt nicht gern

Ob Kartoffelsuppe, Minestrone oder Chili con Carne – Suppen und Eintöpfe sind perfekt, um Umzugshelfer zu bewirten. Vorteil: Du kannst sie am Vortag kochen. Das gilt auch für Kartoffel- und Nudelsalat. Nichtvegetariern bietest du zusätzlich Hackfleischbällchen oder Würstchen an. Super sind auch tiefgefrorene Pizzabrötchen, die du nur in den Ofen schiebst. Willst du Reste an Wurst und Käse aufbrauchen, sind belegte Brötchen praktisch. Auch wenn es umwelttechnisch nicht der Hit ist: Heute sind Pappgeschirr und Plastikbesteck okay.

6. Und dann: der Umzugs-Blues

Ein echtes Zuhause ist mehr als vier Wände und ein paar Möbel. Deshalb kann es passieren, dass du dich zu Beginn in der neuen Wohnung fremd und fehl am Platz fühlst. Eventuell musst du auch noch Möbel kaufen, sodass dir alles erst einmal kahl und leer vorkommt. Kleiner Trost: Das ist schon vielen anderen so gegangen. Am besten, du gräbst dich gar nicht erst in dieses Gefühl ein, sondern versuchst, dir eine vertraute Atmosphäre zu schaffen. Wenn es dich nervt, in diesem komischen Zwischenzustand zu leben, dann geh so bald wie möglich auf Möbelsuche und räume zügig deine Umzugskisten aus.

RICHTIG PACKEN

EINFACHES PRINZIP: Schütze Hartes mit Weichem. Mit Koffern, Boxen und Bananenkisten sparst du Kartons, mit Handtüchern und Socken Luftpolsterfolie.

Gläsernes umhüllen

Gläser und Vasen lassen sich schützen, indem du mehrere Socken drüberziehst. Zur Not geht auch Zeitungspapier – allerdings färbt bei Nässe die Druckerschwärze ab.

Zerbrechliches abpolstern

Das Geschirr muss in den Karton, die Geschirrtücher auch. Warum nicht Teller, Schüsseln und Platten darin einwickeln? Auch Handtücher kannst du dafür verwenden. Töpfe stellst du nach Größe geordnet ineinander.

Kleinteiliges eintüten

Ob für Ohrringe oder Schrauben – verschließbare Plastiktütchen sind ideal für Kleinkram. Größere Tüten eignen sich für Zimmerpflanzen – deren Blätter du mit Bast hochbindes. Auf Kakteenstacheln steckst du Styroporchips.

Lebendiges schützen

Hamster, Hase und Wellensittich ziehen im Käfig um – am besten unter einer dünnen Decke als Schutz. Für Katze und Hund ist eine spezielle Transportbox ratsam, an die du dein Tier schon vorher gewöhnen solltest.

Empfindliches abdecken

Hängende Kleidung umhüllst du mit einem großen Müllsack, den du am Bügel zubindest. In der neuen Wohnung hängst du alles in den Schrank und entfernst den Beutel.

Schweres wegrollen

Keine Lust auf Bücherschleppen? Hast du Koffer oder Taschen mit Rollen, pack deine Wälzer dort hinein. So kommst du bequemer vom Fleck – und dein Rücken freut sich.

Sperriges einwickeln

Große Bilderrahmen sind nicht nur zerbrechlich, sondern auch sperrig. Wickle sie in Luftpolsterfolie ein, die du mit Klebeband fixierst. Auch größere Pflanzen schützt du mit Noppenfolie aus dem Baumarkt.

SEHR AUSLADEND?

UMZUGSKARTONS PLANLOS BELADEN – kann man machen. Dumm nur, wenn sie sich danach weder tragen noch stapeln lassen.

Für Bücher und Aktenordner gibt es besonders **STABILE KARTONS** mit verstärktem Boden. Achte aber darauf, dass du nicht zu viele unterschiedliche Größen hast, die das Beladen des Umzugswagens erschweren.

Die ersten Kartons solltest du etwa **EINE WOCHE** vor dem Umzugstermin gepackt haben – mit Hausrat und Kleidung, die du bis dahin garantiert nicht mehr brauchst.

DIE METHODE „FREESTYLE" geht eventuell schneller, sorgt aber spätestens beim Auspacken für Chaos. Ragen Zimmerpflanzen oder andere Habseligkeiten über den Rand hinaus, wird es auch schwierig – die Kartons lassen sich dann bereits im Transporter nicht mehr stapeln. Weitere typische Anfängerfehler: Feste Gegenstände so einzupacken, dass sie die Grifflöcher blockieren. Genau wie das Modell „Schlagseite", bei dem Bücher während des Transports so hin- und herrutschen, dass sie zerfleddert wieder zum Vorschein kommen.

MEHR EINLADEN!

PASST, WACKELT NICHT UND HAT WENIG LUFT – so in etwa sollte der Inhalt eines perfekt gepackten Kartons aussehen.

ACHTUNG!

Online-Kartonrechner helfen dir, den Bedarf an Standard- und Bücherkartons zu kalkulieren. Plane zur Sicherheit ein paar Kartons mehr ein.

Um Kartons mehr **STABILITÄT** zu geben, gilt als Faustregel: unten schwere Sachen einpacken, oben mit leichten auffüllen. Dann stehen sie sicher und lassen sich besser stapeln.

Insgesamt sollte ein Umzugskarton höchstens **20 KILOGRAMM** wiegen – das ist immerhin fast so viel wie zwei Kästen Mineralwasser.

BEIM PACKEN GEHST DU Raum für Raum vor. Gemischte Kartons stiften nur unnötig Chaos. Schreibe bei jedem Karton auf eine der Seiten, was drin ist und in welches Zimmer er gehört. Willst du die Kartons nach dem Umzug verkaufen, verwende dafür ablösbare Etiketten.

Ein vorsichtiger Schütteltest zeigt dir, wo noch Luft im Karton ist – besonders bei zerbrechlicher Ladung solltest du sämtliche Lücken auspolstern. Schmuck und andere Kleinteile verstaust du vor dem Verpacken in kleineren Behältern, etwa in Schuhkartons.

DEIN „ÜBERLEBENSKOFFER"

WAS DU IM NEUEN ZUHAUSE SOFORT BRAUCHST, verstaust du am besten separat. Unbedingt dabei sein sollten Zahnbürste, Schlafsack und Ladegerät.

Geschirr & Genuss

An jeweils ein Set Geschirr und Besteck solltest du problemlos rankommen. Kannst du nicht ohne Kaffee oder Tee leben, müssen Espressokanne oder Wasserkocher mit.

Kleidung & Schuhe

T-Shirt und Jeans? Bluse und Rock? Überlege dir, was du am nächsten Tag anziehst – und pack es ein. Vergiss Pyjama und Schuhe nicht.

Schlafsack & Kissen

Statt Bettwäsche tun es in der ersten Nacht auch eine Decke oder der Schlafsack und ein Kissen. Musst du dein Bett erst noch aufbauen oder kaufen, ist eine Isomatte ratsam.

Körperpflege & Kosmetik

Absolute Must-haves sind der Kulturbeutel sowie – bei Bedarf – die Kosmetiktasche. Damit du am ersten Morgen nicht fluchend im Bad stehst, packe auch ein Duschhandtuch und eine Rolle Toilettenpapier ein.

Technik & Kabel

Mit Laptop, Smartphone, Ladekabeln und Haartrockner bist du fürs Erste gerüstet. Ein Bluetooth-Lautsprecher ist praktisch, wenn du die Wohnung beschallen willst.

Papiere & Dokumente

Neben Personalausweis, Reisepass und Führerschein solltest du Mietvertrag und Vermieterbescheinigung sowie Geldkarten und ausreichend Bargeld griffbereit haben.

SO VIEL VORAB: Wir reden hier von einem durchdachten und handlichen Survival Kit, nicht vom halben Hausrat. Das heißt: Überlege dir, was du für den ersten Tag nach dem Umzug brauchst. Je gründlicher du planst, desto geringer ist die Gefahr, dass du schon am ersten Abend in den Umzugskartons herumwühlen musst. Laut Murphy's Gesetz ist der Karton, in dem du schließlich das Ladekabel oder die Zahnbürste findest, immer der allerletzte, sprich: der unterste im Stapel. Andererseits brauchst du dann wenigstens kein Workout mehr.

■ **Erste Hilfe** Falls sich ein Helfer während des Umzugs verletzt, solltest du auf jeden Fall ein Notfall-Set mit Wundspray und Verbandszeug haben.

■ **Putzzeug** Ein paar Putzlappen, Neutralreiniger und Spülmittel sollten für den ersten Tag vollauf genügen.

■ **Haustier** Hund oder Katze bringst du am besten bei Eltern oder Freunden unter. Klappt das nicht, denke an Futter und Wasser, Körbchen oder Decke und ein Spielzeug.

DER RICHTIGE UMZUGSWAGEN

Wer in Eigenregie umzieht spart. Klar, eine Spedition und Möbelpacker zu beauftragen, geht ganz schön ins Geld. Trotzdem lohnt es sich, darüber nachzudenken. Denn: Seine gesamte Habe allein durch die Gegend zu karren, sie vorher ein- und nachher wieder auszuräumen, ist ganz schön anstrengend.

Je nachdem, wie viele Sachen du hast und wie weit du wegziehst, solltest du deinen Umzugswagen bemessen. Reicht es, wenn du Papas Kombi vollpackst und ein paar Mal hin- und herfährst? Oder muss es der 7,5-Tonner sein? Hier ein paar Tipps für alle, die noch keinen Plan haben.

Für wen geeignet? Ziehst du nicht weit weg und besitzt keine sperrigen Möbel und Hausgeräte, kommt die Option „Rücksitze umlegen" infrage. Vielleicht kannst du ja zusätzlich eine Dachbox vollpacken.

Was bringt das? Asketen mit wenig Besitz erledigen ihren Umzug so fast zum Nulltarif. Bevor du dich fragst, warum nur fast: Vollgetankt zurückgeben solltest du den Wagen schon. Kleines Dankeschön und so.

Aufpassen! Schwere Teile packst du nach unten und sicherst sie mit einem Netz oder Spanngurten. Ist die Sicht nach hinten verbaut, stelle die Außenspiegel richtig ein. Rechne mit einem längeren Bremsweg.

Auto mit Anhänger

Für wen geeignet? Hast du nur wenige größere und schwere Gegenstände zu transportieren, etwa eine Kommode und einen Kühlschrank, tun es eventuell auch einige Touren mit dem Anhänger am Auto.

Was bringt das? Kosten und Aufwand halten sich in Grenzen. Einen Anhänger kannst du dir eventuell von Eltern oder Verwandten kostenlos leihen. Falls nicht: Du kannst ihn relativ günstig an vielen Tankstellen mieten.

Aufpassen! Voraussetzung ist eine Anhängerkupplung am Auto. Für längere Fahrten sollte der Anhänger gebremst sein. Mit Führerschein Klasse B darfst du Hänger bis 750 Kilogramm Eigengewicht ziehen.

Transporter

Für wen geeignet? Für einen kleinen Umzug ohne sperrige Möbel reicht eventuell ein Transporter bis 5 m³ Ladevolumen – erst recht, wenn du mehrmals fahren kannst. Für eine Einzimmerwohnung sollte es ein größeres Modell mit 11 m³ Ladevolumen sein.

Was bringt das? Ein Transporter bietet genügend Platz für Hausrat und auseinander gebaute Möbel und lässt sich relativ günstig mieten. Außerdem kannst du ihn mit einem normalen Führerschein (Klasse B) fahren.

Aufpassen! Fahre zu Beginn ein paar Proberunden, beachte den längeren Bremsweg und lass dich beim Rangieren von Helfern mit Handzeichen einweisen.

Lkw

Für wen geeignet? In einen mittleren Laster mit bis 3,5 Tonnen zulässigem Gesamtgewicht und bis 14 m³ Ladevolumen bekommst du eine Zwei- bis Dreizimmerwohnung unter. Alles darüber ist dann ein Fall für einen 7,5-Tonner (bis 34 m³).

Was bringt das? Du hast Möbel, Hausgeräte, jede Menge Hausrat und musst deine Einrichtung auf einen Rutsch transportieren? Dann gehst du mit einem Lkw auf Nummer sicher.

Aufpassen! Hinters Steuer eines 7,5-Tonners darf nur, wer einen Führerschein der Klasse C1 (oder alte Klasse 2) hat. Geld sparst du, wenn du den Lkw innerhalb von 24 Stunden am Ausgangsort zurückgibst.

Spedition

Für wen geeignet? Du bist all-inclusive gewohnt, musst nicht auf den Euro schauen und trägst statt Kisten lieber Verantwortung? Dann lass deinen Umzug von Profis erledigen. Von Ab- und Aufbau von Möbeln, Anschluss von Elektrogeräten bis Aufhängen von Gardinen und Leuchten – alles delegierbar.

Was bringt das? Weniger Arbeit, im besten Fall weniger Stress und ein großes Loch im Haushaltsbudget.

Aufpassen! Hole mehrere Kostenvoranschläge ein – dazu sollte sich ein Mitarbeiter deinen Hausrat anschauen. Optimal ist es, wenn du eine Inventarliste erstellst. Kläre genau ab, welche Arbeiten die Spedition erledigen soll.

UMZUGSTAG: GROSSE HELFER

DAS RICHTIGE ZUBEHÖR IST DIE HALBE MIETE. Während du Seile und Gurte meist zusammen mit dem Transporter mietest, musst du den Rest im Baumarkt besorgen.

Hochheben & Wegtragen

Für Schwergewichte wie Kühlschrank, Waschmaschine und Klavier sind Tragegurte oder leistungsstarke Sack- bzw. Möbelkarren ein Muss.

Hochklettern & Draufsteigen

An Deckenleuchten kommst du meist nur mit einer Leiter heran. Schließe ersatzweise ein paar Fassungen mit Lampen an – und vergiss nicht, die Leiter in den Umzugswagen zu packen.

Abdecken & Auslegen

Möbel und Schuhsohlen zerkratzen Holzböden nicht, wenn du weiche Packdecken auslegst. Abdeckvlies geht auch, doch Möbel lassen sich darauf nicht schieben. Selbstklebende Folie oder Kartonteile schützen deine Teppichböden.

Einsaugen & Wegwischen

Staubmäuse? Straßendreck? Der Staubsauger schafft sie dir vom Hals. Gründlich zu putzen macht erst Sinn, wenn die Wohnung leer ist. Stell Eimer und Putzmittel aber schon mal bereit.

Wegwerfen & Einsammeln

120-Liter-Müllsäcke sind Allzweckhelfer. Du kannst in ihnen Reste aller Art entsorgen und übrig gebliebenen Hausrat einsammeln. Hast du nichts anderes zur Hand, schneidest du sie auf, klebst sie zusammen und legst die Böden damit aus.

Abpolstern & Ausstopfen

Damit die Ladung im Umzugswagen nicht verrutscht, sicherst du schwere Gegenstände mit Gurten oder Seilen und polsterst empfindliche Kanten mit Decken ab.

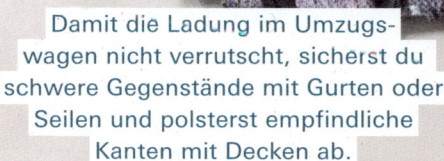

UMZUGSTAG: KLEINE HELFER

MACH NICHT DEN FEHLER, SIE ZU UNTERSCHÄTZEN: Hast du diese Utensilien eingesteckt, bist du fast jeder Situation gewachsen.

Festkleben & Anmarkern

Mit Klebeband fixierst du Türen und Schubladen an Möbeln, klebst du lose Kabel an und markierst du Kartons für verschiedene Räume oder mit zerbrechlichem Inhalt.

Abschneiden & Aufmachen

Schnur abschneiden, Kabel kürzen, Flaschen öffnen – ohne Schweizer Taschenmesser solltest du am Umzugstag keinen Schritt machen. Auch Cuttermesser und Schere sind Gold wert.

Anziehen & Anpacken

Ideal sind Arbeitshosen oder Jeans, T-Shirt und Arbeitsjacke sowie feste und flache Schuhe. Arbeitshandschuhe mit Gumminoppen auf der Innenseite schützen gegen Holz- und Glassplitter und scharfe Kanten!

Abschrauben & Rausziehen

Nägel, Schrauben, Haken – irgendwas steckt immer in der Wand. Und das Bett muss auch noch demontiert werden. Dafür solltest du mindestens Schraubendreher, Inbusschlüssel, Kombizange und Hammer in einer Kiste griffbereit haben.

Anschalten & Aufdrehen

Damit die Stimmung steigt, koppelst du dein Handy an die Bluetooth-Box und spielst deine Playlist vom Fitness-Workout in Endlosschleife.

Einschieben & Ausgleichen

Damit deine Möbel in der neuen Wohnung gerade stehen und Türe sowie Schubladen funktionieren, legst du bei Bedarf Möbelkeile darunter oder befestigst höhenverstellbare Schraubfüße an ihnen.

Einwickeln & Zupflastern

Den Daumen eingeklemmt, die Hand geprellt, das Bein aufgeschürft – damit du nicht gleich zum Arzt rennen musst, sollten Pflaster, Mullbinden und Wundspray in Reichweite sein.

SCHLEPPERBANDE?

ANHEBEN, TRAGEN, ABSETZEN – das geht ganz schön ins Kreuz. Mit der richtigen Technik schonst du deinen Rücken.

Ein **TRAGEGURT** verteilt das Gewicht gleichmäßig auf die Schultern und entlastet die Arme. Diese müssen dann allerdings noch das Gleichgewicht halten.

Transportiere deine Waschmaschine immer **AUFRECHT**. In liegendem Zustand drohen Schäden, vor allem, wenn keine Transportsicherung vorhanden ist.

DER TRANSPORT EINER Waschmaschine erfordert ein paar Vorbereitungen. Als Erstes solltest du restliches Wasser ablassen und die Transportsicherung einbauen. Richtig – das sind die langen Gewindebolzen, die du fast weggeworfen hättest. Sie verhindern, dass die frei schwingende Trommel im Inneren der Maschine beschädigt wird. Beim Tragen solltet ihr in jedem Fall mindestens zu zweit sein und Handschuhe tragen. Auch Tragegurte sind eine gute Idee. Na, dann: los geht's! Und nicht vergessen: Die Maschine möglichst nicht kippen!

ROLLKOMMANDO!

MIT SACKKARRE ODER TRANSPORTROLLER schiebst du schwere Sachen entspannt durch die Gegend – auch über längere Strecken.

Falls du die Investition noch scheust: **MÖBELROLLER** sind auch später tolle Alltagshelfer, zum Beispiel beim Renovieren, Umräumen oder Aufräumen des Kellers.

Möbelroller sollten eine **RUTSCHFESTE** – also gummierte – Oberfläche besitzen und für ausreichend hohe Lasten geeignet sein.

VON MÖBELBRETT BIS TRANSPORTWAGEN – die Palette an rollenden Helferlein ist breit. So besteht ein Standard-Set (ab ca. 15 Euro) aus vier dreieckigen Möbelrollern mit je drei Rollen sowie einem Lastenheber. Du schiebst einfach einen Roller unter jede Ecke von Sofa, Schrank oder Waschmaschine – und los geht's. Für Kisten und Kartons eignet sich ein rechteckiger Transportroller mit mindestens vier drehbaren Rollen (ab 10 Euro). Komfortabler, aber auch teurer (ab 50 Euro), sind Transportwagen aus Stahl mit ausklappbarem Schiebebügel.

EINZELN SCHLEPPEN?

JEDER MACHT SEIN DING – und am Ende ist alles fertig. Das mag funktionieren, ist aber nicht die schnellste Transportvariante.

Eine Kiste allein über längere Strecken zu hieven erfordert vergleichsweise **VIEL KRAFT** und ist auch psychologisch anstrengend.

Aufgrund des unterschiedlichen Tempos ist die Gefahr groß, dass sich **EINZELTRÄGER** gegenseitig behindern – so dauert es unterm Strich deutlich länger.

KARTONS SCHNAPPEN UND LOS – so laufen viele Umzüge. Das Problem: Vom Wagen zum Hauseingang steht Trägern niemand im Weg – hier sind sie unschlagbar schnell. Doch an der Haustür kommt der erste Engpass: Gegenverkehr durchlassen. Im Treppenhaus bremsen dann langsamere Träger die schnellen aus – ein Überholen ist kaum möglich. So bilden sich Grüppchen, die wieder am Umzugswagen landen und für Wartezeiten sorgen. Gefühltes Wissen? Nein, das hat das Fraunhofer-Institut für Materialfluss und Logistik Dortmund ermittelt.

KETTE BILDEN!

NACH SPÄTESTENS ZEHN MINUTEN meldet sich immer ein Schlauberger:
Ginge es mit einer Kette nicht viel schneller? Recht hat er.

Eine Kette eignet sich für Kisten und andere **KOMPAKTE GEGENSTÄNDE** – dagegen nicht für große und sperrige Dinge, bei denen mehrere Leute anpacken müssen.

Größter Vorteil der Kette: Die **GLEICHMÄSSIGE VERTEILUNG** der Träger minimiert Staus und damit verbundene Wartezeiten.

EINE KETTE IST ZU BEGINN LANGSAMER, weil jede Kistenübergabe Zeit kostet. Doch je länger der Umzug dauert, desto mehr holt sie auf. Zum einen gibt es keine räumlichen Engpässen, die unterm Strich zu erheblichen Verzögerungen führen. Zum anderen erlaubt die Kette dem Einzelnen ständig kurze Erholungsphasen – nämlich immer dann, wenn er die Kiste dem Nächsten übergeben hat. Auf diese Weise bleibt jeder Helfer länger frisch und motiviert. Fazit: Je mehr Gegenstände zu transportieren sind, desto mehr rechnet sich die Kette.

CHECKLISTE „UMZUGSHELFER"

1 **Möglichst viele Leute fragen** „Na klar helfe ich dir, kein Problem." Wer Freunde und Bekannte bittet, am Umzugstag beim Tragen zu helfen, erntet oft jede Menge Zusagen. Leider kommt dann bei vielen etwas dazwischen – vom plötzlichen Elternbesuch über den lange geplanten Wochenendtrip bis zu akutem Unwohlsein. **Frage deshalb ungefähr doppelt so viele Leute, wie du tatsächlich benötigst.** Nichts ist schlimmer, als mit zu wenig Helfern dazustehen.

2 **Profis engagieren** Kisten tragen kann (fast) jeder – einen 7,5-Tonner fahren nicht. Denke deshalb beizeiten daran, Helfer für spezielle Tätigkeiten einzubinden. Das kann die Elektrikerin aus dem Bekanntenkreis sein, die nur zum Anschließen der Leuchten

kommt – oder der Freund, der zwar nicht schwer tragen darf, dafür die besten Brötchen schmiert. Hast du unterm Strich zu wenig Helfer – **in Online-Jobbörsen bieten Studenten und andere Privatleute ihre Dienste zu moderaten Konditionen** (ca. 10 bis 25 Euro pro Stunde) an. Ihr Vorteil: Oft haben sie schon Dutzende Umzüge mitgemacht und dementsprechend viel Übung. Willst du auf Nummer sicher gehen, kannst du im Internet oder direkt bei einer Spedition auch echte Profis (20 bis 35 Euro pro Stunde) anheuern.

3 **Haftung klären** Helfen dir Freunde und Bekannte unentgeltlich beim Umzug, handelt es sich um einen **Freundschaftsdienst mit stillschweigender Haftungsbeschränkung.** Das bedeutet: Lässt ein Helfer den Fernseher fallen oder beschädigt ein Möbelstück, bleibst du auf dem Schaden sitzen – es sei denn, die Privathaft-

pflichtversicherung des Verursachers deckt solche „Gefälligkeitsschäden" ab. Die Versicherung zahlt darüber hinaus, wenn der Helfer grob fahrlässig, etwa unter Alkoholeinfluss, einen Schaden angerichtet hat. Theoretisch könntest du mit jedem Helfer einen Vertrag abschließen, wonach dieser für Schäden haftet. Dieser könnte dann einen entsprechenden Zusatz in seine Haftpflichtpolice aufnehmen lassen. In der Praxis dürfte dieses Vorgehen jedoch vor allem bewirken, dass du noch mehr Absagen kassierst. Im Gegensatz dazu sollten professionelle Helfer in jedem Fall einen Versicherungsschutz nachweisen können. Sie sind übrigens bei Unfällen in aller Regel durch die gesetzliche Unfallversicherung geschützt.

4 **Helfer einweisen** Zu Beginn rufst du alle Helfer zusammen, erklärst kurz den Ablauf des Umzugs und sagst jedem, was er zu tun hat. Kläre schon im Vorfeld, wer später den Umzugswagen fährt. Sinnvoll ist es auch, einen oder zwei Helfer abzustellen, die nur für das Ein- und Ausräumen des Umzugswagens zuständig sind. Zwei weitere, besonders kräftige Helfer sollten den Transport von Waschmaschine und anderen schweren Sachen übernehmen. Leute mit handwerklicher Erfahrung können in der neuen Wohnung schon mal mit dem Zusammenbauen der Möbel beginnen, während der Rest den Umzugswagen ausräumt. Vergiss dein Fahrrad nicht – ebenso andere Sachen, die nicht in der Wohnung stehen.

5 Für Verpflegung sorgen
Dafür, dass Leute sich für dich abmühen, solltest du dich mit großzügiger Verpflegung revanchieren. Das beginnt mit ständigem Nachschub an Wasser, Saftschorle und Kaffee. Alkoholische Getränke wie Bier

sollte es dagegen, wenn überhaupt, erst gegen Ende des Umzugs geben. Der Klassiker gegen knurrende Mägen sind belegte Brötchen. Auch eine Suppe oder ein Salat eignen sich. Notfalls besorgst du einfach Pizza für alle. Hauptsache, das Essen liegt den Helfern nicht zu schwer im Magen – das würdest du später an ihrer Arbeitsleistung merken.

6 Ortswechsel planen Je größer die Entfernung zur neuen Wohnung, desto besser solltest du den Ortswechsel organisieren. Wer kommt überhaupt mit, wer hat Platz im Umzugswagen und wer kann andere mitnehmen? Nicht vergessen: Für Umzugshelfer, die nur am Ausgangsort anpacken können, brauchst du am Zielort Ersatz. Kennst du dort niemanden, ist es am besten, bei einem Umzugsunternehmen vor Ort gezielt Dienstleistungen wie das Ausräumen des Umzugswagens oder das

Zusammenbauen der Möbel zu buchen.

7 Erkenntlich zeigen
Warst du zufrieden mit ihrer Arbeit, ist für professionelle Helfer – je nach Arbeitszeit – ein Trinkgeld von je 10 bis 20 Euro üblich. Bei Freunden und Verwandten zeigst du dich auf andere Weise erkenntlich – etwa, indem du sie großzügig verpflegst (siehe Punkt 5), sie nach getaner Arbeit zu einem Umtrunk bittest – und sie auf deine Einweihungsparty einlädst.

8 Kosten absetzen Ziehst du aus privaten Gründen um, sind Ausgaben für Speditionshelfer als haushaltsnahe Dienstleistungen steuerlich absetzbar. Das Finanzamt erkennt 20 Prozent der Arbeits- und Fahrtkosten an, insgesamt bis zu 4000 Euro. Auf Anfrage musst du jedoch eine Rechnung und einen Überweisungsbeleg vorlegen können.

DER TAG DES WAHNSINNS: NUR DIE NERVEN BEHALTEN!

Harte Arbeit, unvorhergesehene Zwischenfälle und jede Menge Aufregung – so läuft das nun mal am Umzugstag. Wahr ist aber auch: Sind deine Sachen verpackt, Decken, Gurte und Rollen besorgt und der Tagesablauf geplant, gibt es keinen Grund für Aufregung oder gar Hektik. Wenn du im Vorfeld schwer in die Gänge kommst und mit dem Packen hinter dem Zeitplan hängst, solltest du bedenken: Was du nicht schaffst, hängt dir am Umzugstag wie ein Klotz am Bein. Bevor die Helfer vor der Tür stehen, kannst du dafür sorgen, dass alles glatt läuft. Pack's an, du schaffst das.

Was du an dich nimmst, ist „safe"

Damit am Umzugstag nichts Wichtiges unter die Räder kommt, nimm auf jeden Fall alle Ausweise, persönlichen Dokumente und Wertgegenstände an dich. Dasselbe gilt für Bargeld, Schlüssel und Smartphone. All diese Dinge sollten auf keinen Fall in einer Umzugskiste landen – du findest sie unter Umständen erst nach Tagen wieder.

Die beste Möglichkeit, hektische Suchaktionen zu vermeiden, ist das Verstauen wichtiger Sachen im Umzug-Überlebenskoffer (siehe S. 60). Dieses Survival-Kit kannst du übrigens erst am Umzugsmorgen vervollständigen – indem du Zahnbürste und Waschutensilien darin verstaust. Hast du noch kaputte Elektrogeräte oder Sperrmüll herumstehen, bringe alles schon am Vortag zum Wertstoffhof – am Umzugstag selbst ist dafür garantiert keine Zeit.

Stelle sicher, dass sämtliche am Umzug Beteiligten deine Handynummer abgespeichert haben – und du ihre hast! Wenn du ganz sicher gehen will, schickst du am Vorabend per SMS oder WhatsApp einen Reminder an alle Helfer, in dem du Datum und Uhrzeit bestätigst.

Je nachdem, wann du dein altes Zimmer übergibst, kannst du dir mit dem Putzen und/oder Renovieren noch Zeit lassen. Diese Arbeiten noch am Umzugstag – oder in der Nacht danach – erledigen zu müssen, ist definitiv die ganz harte Tour!

Auf jeden Fall solltest du sichergehen, dass du zum Tag X aus allen Pflichten entlassen wirst, also nicht noch nachträglich Zahlungen auf dich zukommen – mit Ausnahme deines Anteils an eventuellen Nachzahlungen für Strom und Nebenkosten.

CHECKLISTE „UMZUGSTAG"

1 **Letzte Vorbereitungen** Bevor die Helfer kommen, steckst du Smartphone und Schlüssel ein und checkst das Treppenhaus auf Vorschäden (Fotos machen!). Falls du Grünpflanzen hast – gönne ihnen noch ein bisschen Wasser.

2 **Eigenes Auto packen** Persönliche Gegenstände wie Wertsachen, Verträge und Bankunterlagen – kurz: alles, was beim Umziehen auf keinen Fall verloren gehen darf – verlädst du in dein eigenes Auto oder packst sie in deinen Überlebenskoffer.

3 **Utensilien vorbereiten** Lege dann Müllbeutel, Putzzeug und Erste-Hilfe-Set bereit, stelle den Staubsauger in eine Ecke und kümmere dich – wenn noch Zeit ist – um das Catering für deine Helfer.

4 **Sachen verladen** Weiß jeder Helfer, was er zu tun hat, werden als Erstes empfindliche Fußböden mit Packdecken oder Vlies ausgelegt und anschließend Möbel und Großgeräte aus dem Zimmer geräumt und verladen – danach folgen die Umzugskisten.

5 **Stellplan aufhängen** In der neuen Wohnung hängst du als Erstes den vorbereiteten Möbelstellplan gut sichtbar auf. Helfer müssen eindeutig erkennen können, welche Möbel und Einrichtungsgegenstände sie an welchen Platz stellen sollen. Sichere vor dem Ausladen auch hier die Fußböden gegen Beschädigungen.

6 **Sachen ausladen** Sind Sofa oder Tisch im falschen Raum gelandet, lass sie sofort umräumen – solche Provisorien können sich hartnäckig halten. Erst wenn alle Möbel richtig stehen, folgen die raumweise markierten Umzugskartons.

7 **Treppenhaus reinigen** Sind alle Sachen in der Wohnung, beseitigst du Spuren des Umzugs im Treppenhaus und – falls nötig – zwischen Haus und Umzugswagen. Dasselbe erwartet dich dann in der alten Bleibe. Hattest du einen Tiefgaragenstellplatz gemietet, reinige den Boden von Dreck und Ölspuren.

8 **Alte Bleibe reinigen** Verlässt du eine WG oder ein Wohnheim, beseitige restliche Spuren und hinterlasse dein Zimmer in einem sauberen Zustand. Sind Schönheitsreparaturen zu erledigen – zum Beispiel Wände zu streichen –, verschiebe diese nicht bis zum letzten Augenblick.

9 **Letzte Handgriffe** Briefkasten leeren, Zählerstände notieren, Namensschild entfernen – je nachdem, wo du gewohnt hast, sind bis zur endgültigen Übergabe meist noch weitere Kleinigkeiten zu erledigen.

Bereit machen für Neues
Wer gerade umgezogen ist,
steckt oft in einem Zwischenstadium:
Das Alte ist vorbei, das Neue hat noch
nicht richtig begonnen. Das Gefühl
der Vertrautheit wächst
mit der Zeit.

GUT ANKOMMEN IN DER NEUEN WOHNUNG

Und dann ist der Umzug geschafft. Alle Helfer sind weg und du bist drin. Das ist jetzt deine Wohnung – oder besser: Es soll deine Wohnung werden. Noch kommt sie dir ungewohnt und fremd vor – Gerüche und Geräusche sind neu und anders. Bevor du anfängst, Trübsal zu blasen, machst du es dir besser ein wenig gemütlich.

Wohlfühloase schaffen Such dir ein Zimmer – zum Beispiel dein Schlafzimmer – in dem du alle Dinge an ihren richtigen Platz stellst. Dieser Raum ist in den ersten Tagen dein Rückzugsgebiet, wenn in den anderen Zimmern noch Kisten stehen und Chaos herrscht.

Vertrautes im Blick Ob Familienfotos im Regal, Filmposter an der Wand oder Magneten am Kühlschrank – mit ein paar Handgriffen kannst du dir vertraute Anblicke in die Wohnung holen. Jetzt noch eine schöne Kerze auf den Tisch stellen – und schon fühlst du dich nicht mehr so fremd.

Der Duft nach Daheim
Funktionieren Vertrautheit und Wohnfühlen bei dir stark über Gerüche, dann hol dir mit Duftkerzen, Aromaölen, Räucherstäbchen angenehme Düfte in die Wohnung. Koch dir deinen Lieblingstee und lass seinen Duft durch die Räume ziehen. Auch ein Blumenstrauß kann die Stimmung enorm verbessern.

Durchgänge freiräumen
Stolperst du gleich nach dem Aufstehen über die erste Umzugskiste, kommt wenig Freude auf. Auch wenn du es nicht schaffst, alle sofort auszuräumen – stell sie zumindest so hin, dass du dich in deiner Wohnung frei bewegen kannst.

Wohnlich machen Ist das erste Chaos beseitigt, eroberst du dir die Wohnung schrittweise: Willst du Vorhänge vor den Fenstern haben, dann bring Gardinenstangen an und kauf dir schöne Stoffe. Auch ein paar Läufer und Teppiche verleihen einer Wohnung ihren ganz eigenen Charakter. Je eher du Regale an den Wänden anbringst, desto eher kannst du Bücher und Kleinkram hineinstellen – und die Kisten loswerden. Du wirst sehen: Schritt für Schritt nimmt dein Zuhause Gestalt an.

Kontakte knüpfen Solange du allein in deinen vier Wänden hockst, wirst du dich nicht wirklich heimisch fühlen. Auch wenn es dich wahrscheinlich einiges an Überwindung kostet: Gib dir möglichst schnell einen Ruck und stell dich bei deinen Nachbarn vor. Wer weiß – vielleicht sind ja einige in deinem Alter oder bieten dir ihre Hilfe an.

PUZZLE FÜR ANFÄNGER?

EINEN SCHRANK AUSEINANDERZUBAUEN ist gar nicht so schwer. Der spätere Zusammenbau dagegen schon eher...

Als Erstes baust du den **KORPUS** zusammen und zwar so, dass er mit der Vorderseite nach unten liegt. Jetzt kannst du die Rückseite befestigen, den Schrank aufrichten und die Türen montieren.

Orientiere dich bei der Positionierung von Einlegeböden, Kleiderstangen und Schubladen an **GEBRAUCHSSPUREN** wie bereits benutzten Löchern und Verfärbungen am Korpus.

NEHMEN WIR AN, DU SELBST HAST deinen Kleiderschrank nach dem Kauf zusammengebaut. Nehmen wir außerdem an, du bist mit der Aufbauanleitung prima klargekommen. Aber aufheben? Aufheben tun so etwas doch nur Nerds, richtig? Das heißt: Nachdem du das Ungetüm für den Umzug auseinandergenommen hast, musst du es jetzt aus dem Kopf wieder zusammenbauen. Wäre es dann nicht extrem fahrlässig – um nicht zu sagen: dämlich – wenn du mangels anderer Hilfen nach dem Prinzip „Versuch und Irrtum" verfahren müsstest?

TETRIS FÜR PROFIS!

DAS ERFOLGSREZEPT BESTEHT DARIN, beim Demontieren des Schranks
Hinweise für den Wiederaufbau zu hinterlassen – und Fotos zu machen.

Um ganz sicher zu gehen, klebst du beim Auseinanderbauen auf jedes Einzelteil ein Stück **MALERKREPP** und notierst, um welches Teil es sich handelt.

Tipp am Rande: Die **AUFBAUANLEITUNGEN** vieler Möbelstücke kannst du dir von der Internetseite des Herstellers oder Händlers problemlos herunterladen.

DER ULTIMATIVE TRICK ist denkbar einfach: Du nummerierst beim Auseinanderbauen alle Teile durch und markierst zueinander gehörige Korpusflächen mit Klebeband derselben Farbe. Außerdem kennzeichnest du mit einem Bleistift die Löcher der Einlegeböden. Die Gleitschienen für die Schubladen und die Türscharniere lässt du nach Möglichkeit angeschraubt. Und nicht vergessen: Kleinteile – ob Drahtnagel, Holzdübel oder Stahlschraube – verstaust du in einem Tütchen, das du am Ende verschließt, beschriftest und an eines der Bretter klebst.

SCHÖN AN DEN RAND?

BLOSS NICHT MITTEN IN DEN WEG STELLEN, denkt der Umzugshelfer.
Was liegt da näher, als die Sachen an der Wand zu stapeln?

„Wildwuchs" beim Abladen deiner Sachen verhinderst du am besten durch **KLARE ANSAGEN**: Lass Helfer unbedingt zuerst die Möbel an ihren Platz stellen — und erst dann Kartons ausladen.

STEHT ALLES AM RAND, stolpert wenigstens niemand darüber. So denkt der Laie, denn planlos platzierte Kartons, Bilder, Hocker und anderer Kleinkram müssen später erneut bewegt werden. Und: Sind Wände damit blockiert, landen große Möbel wie Bücherregal, Sofa oder Doppelbett unter Umständen erst einmal dort, wo gerade Platz ist — statt da, wo sie hin sollen. Bald ist das Chaos perfekt, und mit etwas Pech bemerkst du es erst, wenn deine Helfer längst weg sind. Dann stehst du da und fängst noch mal von vorn an …

VOLL IN DIE MITTE!

ALS KOMPAKTE INSEL stellen kleinere Umzugsgegenstände kein Hindernis dar und lassen sich schrittweise verteilen.

Achte darauf, dass du **VON ALLEN SEITEN** an Kartons & Co herankommst – und alles so gestapelt ist, dass es nicht kippt oder dir auf den Kopf fällt.

SELBST AUF DIE GEFAHR HIN, dass deine Wohnung in den ersten Tagen einem Inselstaat ähnelt: Mitten im jeweiligen Zimmer ist der optimale Platz für die Umzugskartons. So kannst du sie Stück für Stück auspacken und den Inhalt in Schränken, Regalen und Schubladen verstauen. Die Möbel sollten zu diesem Zeitpunkt natürlich längst an ihrem Bestimmungsort stehen – also dort, wo die Umzugshelfer sie laut deinem genialen Stellplan punktgenau abgeladen haben. Genauso war es bei dir? Dann hast du jetzt theoretisch alle Zeit der Welt.

Feste durchgefeiert
Nichts gegen ein paar Cocktails –
doch wer nicht will, dass die Wohnung
am nächsten Morgen renovierungsbedürftig ist, sollte als Gastgeber
die Menge an hartem Alkohol
begrenzen.

ENDLICH: HAPPY HOUSEWARMING

Die Wandfarbe ist getrocknet, die Umzugsstrapazen sind fast vergessen und mittlerweile fühlst du dich tatsächlich ein bisschen zu Hause in der Wohnung. Zeit, das neue Dach überm Kopf gebührend zu feiern. Damit der Schuss nicht nach hinten losgeht, hier ein paar goldene Regeln.

Gäste einladen Dass nach Party-Einladungen über Facebook manchmal die halbe Stadt vor der Tür steht, weiß jeder. Willst du das trotzdem tun, dann achte aber darauf, dass deine „Veranstaltung" als private Party läuft. Wer nicht bei Facebook ist, macht eine WhatsApp-Gruppe auf oder schreibt E-Mails.

Essen und Trinken Organisiere beizeiten, wer was mitbringt. Ganz wichtig: Salate, Kuchen und Fingerfood vorbereiten, liefern lassen oder mitbringen lassen. Verteile ruhig auch Getränkebestellungen an deine Gäste. Auch das kannst du über soziale Netzwerke bestens koordinieren.

Nachbarn vorwarnen Gib auf jeden Fall rechtzeitig deinen Nachbarn Bescheid und bitte um Verständnis für den wahrscheinlich erhöhten Geräuschpegel. Ein Aushang im Erdgeschoss ist prima – deine direkten Nachbarn informierst du dennoch besser persönlich. Wer möchte, verschenkt als Gag Ohrstöpsel oder Ähnliches. Am besten lädst du deine Nachbarn ein – dann lernst du sie besser kennen und reduzierst die Gefahr, dass jemand Stress macht. Wie du sicherlich weißt: Ein Recht auf Party existiert leider nicht.

Playlist vorbereiten Damit sich deine Freunde nicht am Laptop streiten, wer DJ sein darf, mach dir vorher ein paar Gedanken zur Musikauswahl und stell dir möglichst eine eigene Playlist zusammen. Die wichtigste Regel: Der Mix macht´s! Nur Hip-Hop oder Elektro wirken schnell öde. Profi-DJs sortieren die Stücke nach Warm-up, Primetime und Cool-down. Das kannst du auch versuchen. Falls du anderes im Kopf hast – nimm einfach eine fertige Playlist von einem Streamingdienst.

Erinnerungen festhalten In die erste eigene Wohnung ziehst du nur ein einziges Mal im Leben ein. Grund genug, den Abend in Foto, Video und Schrift für die Nachwelt – und dich selbst – festzuhalten. So kannst du gleich am Eingang ein Polaroid-Foto von jedem Gast machen, auf das dieser einen Wunsch für dich schreibt. Eine Schnur an der Wand gespannt und die Fotos mit Klammern daran befestigt – fertig ist die „Wall of Fame".

Wände streichen, Dübellöcher bohren, Deckenleuchten anschließen – solche Kleinigkeiten willst du ab sofort selbst erledigen. Gute Idee – doch bevor du die Farbrolle oder den Bohrhammer ansetzt, check besser, ob du die Sache wirklich im Griff hast. Als Hobbyheimwerker und mündiger Mieter solltest du zudem wissen, wie du kleinere Probleme im Haushalt selbst löst.

MALERN, SCHRAUBEN, INSTALLIEREN

KREATIV SEIN, SELBST HAND ANLEGEN, GELD SPAREN

Als deine Wohnung noch leer war, schien alles möglich. Aber irgendwie war die Leere nicht wirklich inspirierend. Vielleicht hast du eine Wand farbig gestrichen, Laminat in Holzoptik verlegt oder eine Verbindungstür ausgehängt. Aber das war nur die Basis für das, was jetzt kommt. Nichts hindert dich daran, deine Wohnträume zu verwirklichen – na gut, deine finanzielle Situation vielleicht. Geh dann schrittweise vor und gib der Wohnung mit Möbeln, Leuchten, Bildern, Gardinen und Accessoires Charme und Charakter. Deine kreative Phase beginnt genau in diesem Moment. Was du brauchst sind Fantasie und etwas Mut zum Gestalten. Höchste Zeit, um aus ein paar netten Zimmern endgültig deine Wohnung zu machen.

1. Wünsche ans Wohnen

Natürlich hast du längst einen Plan, wie du die Zimmer deiner Wohnung nutzen willst – wenn du überhaupt mehrere zur Verfügung hast. Trotzdem macht es Sinn, sich zu überlegen, was deine Wohnung für dich sein soll: Lebensmittelpunkt oder – mehr oder weniger – Schlafplatz? Wirst du zu Hause auch arbeiten, kochen, Sport treiben – oder sinkst du abends nach einem langen Tag nur noch müde ins Bett, um in aller Frühe wieder zu verschwinden? Dann brauchst du sicherlich keinen riesigen Esstisch. Hast du dagegen oft Gäste, wirst du dir überlegen, wie du den Eingangsbereich gestaltest, und legst dir womöglich ein Schlafsofa zu, auf dem sie übernachten können. Fazit: Wie du die Wohnung einrichtest, hängt davon ab, wie du sie nutzt. Die Zeiten, in denen es nur um Fassade ging, sind zum Glück vorbei.

2. Wenn Farbe, dann Baumarkt

Auch wenn du in eine renovierte Wohnung eingezogen bist – nach ein paar Jahren nervt dich vielleicht das Weiß der Wände und du bist reif für ein bisschen Farbe. Bist du ungeübt im Abtönen weißer Wandfarbe, überlasse das lieber den Experten im Baumarkt. Sie können dir jeden beliebigen Farbton mischen. Das hat den großen Vorteil, dass dieser Ton Eimer für Eimer identisch ist, während sich der Laie schon mal vertut. Bei der Gelegenheit kannst du dir auch überlegen, ob du einzelne Flächen mit Magnet- oder Tafelfarbe verschönern willst.

3. Pfusch rächt sich (fast) immer

Nichts ist so dauerhaft wie Provisorien. Das stimmt zwar, doch leider bleibt Pfusch immer Pfusch – auch wenn es sich nur um schief eingeschlagene Nägel oder ausgeleierte Bohrlöcher handelt, in denen kein Dübel jemals Halt findet. Deshalb: Es ist toll, wenn du selbst zu Hammer und Bohrmaschine greifst. Doch nach dem Prinzip Hoffnung zu verfahren, führt nicht nur optisch zu zweifelhaften Resultaten. Es kann auch richtig gefährlich werden, wenn du etwa Wandsicherungen von Schränken und Regalen großzügig weglässt. Wundere dich dann nicht, wenn dir eines schönen Tages deine Comicsammlung auf den Kopf kracht oder dir die Bierkrüge aus der Vitrine entgegenfliegen.

4. Netzwerk per Stromleitung

Idealerweise hast du in der leeren Wohnung vorausschauend über den Scheuerleisten Kabel für dein Netzwerk verlegt, die Laptop (falls mit LAN-Schnittstelle), Drucker (falls du einen hast) und TV-Gerät (dito) mit dem DSL-Modem oder dem TV-Kabelanschluss verbinden. Wahrscheinlicher ist: Du hast es nicht getan. Bleiben drei Möglichkeiten: 1.) Du ziehst die Kabel mitten durchs Zimmer. 2.) Du baust dir dein Netzwerk auf Basis von WLAN auf. 3.) Du kaufst dir Powerline-Adapter. Jeweils einen Adapter steckst du in eine Steckdose in der Nähe des Gerätes, das du ins Netzwerk einbinden willst.

Dann verbindest du dieses Gerät per LAN-Kabel (am besten Version Cat6) mit dem Powerline-Adapter. Den speziell gekennzeichneten „Master-Adapter" koppelst du an das Internet-Modem. Kurz nach dem Einschalten „sehen" sich die Adapter automatisch – du bist connected, das heißt: Du überträgst ab sofort Daten per Stromleitung. Nachteil: Die Bandbreite liegt theoretisch zwar bei bis zu 500 Mbit/s – je nach Stromleitung kann die Geschwindigkeit beim Streamen und Surfen jedoch deutlich geringer sein.

5. Jedes (Möbel-)Stück ein Unikat

Du willst deine Möbel selbst bauen? Mach doch! Was nach einem Werbespruch für einen Baumarkt klingt, ist ernst gemeint. Gut, ein Lattenrost ist noch kein vollwertiges Möbelstück, aber ein perfekter Start ins DIY-Universum (Anleitung S. 126). Einmal darin angekommen, wirst du überall neue Inspiration finden: YouTube ist voll mit Tutorials zum Bau von Betten, Stühlen und Regalen. Baumärkte bieten „Projekte" zu Selbstbaumöbeln an: Du konfigurierst am Bildschirm Bett oder Tisch – sie liefern dir Materialliste (natürlich zum Kauf im eigenen Baumarkt) und Bauanleitung. Wenn das alles nichts ist, werd selbst kreativ. Beispiel: Mit alten Gürteln, Verzurrriemen oder Kofferbändern kannst du Zeitschriften und Bücher, aber auch Kissen und Decken, zu lässigen Sitz- oder Tischblöcken verschnüren.

SO SCHWER IST DAS GAR NICHT…

Schon klar: Du hattest nicht vor, Hausmeister zu werden. Und vielleicht nehmen sich Mama und Papa ja tatsächlich die Zeit und erledigen nach alter Gewohnheit die nervigen Angelegenheiten für ihren Nachwuchs.

Doch was, wenn du dieses Mal auf dich allein gestellt bist? Dann bleibt dir nur, einen Handwerker zu beauftragen – oder es selbst zu probieren.

So viel vorab: Es ist noch kein Heimwerker vom Himmel gefallen. Trau dich ruhig. Übrigens: Zu den ersten beiden Arbeiten findest du jeweils eine Schritt-für-Schritt-Anleitung auf den Seiten 112 und 96.

Lichtquellen installieren

Was ist zu tun? Zu erledigen sind zwei Dinge. Erstens: Leuchte an Wand oder Decke anbringen. Zweitens: Eine elektrische Verbindung zwischen der Leuchte und dem Stromnetz herstellen.

Wie geht das? Unterbrich den Stromkreis (Sicherungskasten). Sichere – falls nötig – von der Decke hängende Kabelenden mit einer Lüsterklemme. Befestige die Leuchte nach Montageanleitung an Wand oder Decke und verbinde ihre Kabel mit der Lüsterklemme. Schalte die Sicherung wieder an.

Achtung! Zuerst schraubst du den Schutzleiter (grüngelb) in die Lüsterklemme, dann den Nullleiter (blau oder grau), dann die „Phase" (schwarz oder braun).

Wände streichen

Was ist zu tun? Es geht darum die Wandfarbe – entweder weiß oder farbig – möglichst streifenfrei und deckend auf eine Wand oder eine darauf befindliche Raufasertapete aufzubringen.

Wie geht das? Farbe mit einem Holzstiel umrühren. Dann mit Eckenpinsel oder schmaler Rolle in den Zimmerecken beginnend Farbe auftragen. Danach mit Farbroller erst Decken- dann Wandflächen insgesamt dreimal überstreichen und dabei auch die Ecken „nass-in-nass" überarbeiten.

Achtung! Auch wenn beim Trocknen Streifen sichtbar werden – warte erst, bis alles getrocknet ist. Streich dann falls erforderlich die gesamte Wand nochmals.

Teppichboden entfernen

Was ist zu tun? Du willst einen aufgeklebten Bodenbelag vom Untergrund lösen.

Wie geht das? Zuerst entfernst du mit einem Spachtel an der Wand befindliche Teppichleisten. Versuch dann, den Teppich an einer Ecke zu lösen. Oft ist er nur mit Klebestreifen befestigt. Falls nicht, feuchte die Ecke mit warmem Wasser an und lasse es zwei Stunden einwirken. Löst sich der Teppich, begieß die ganze Fläche mit Wasser. Falls nicht, schneide ihn mit dem Teppichmesser in Streifen und lös diese per Hand ab.

Achtung! Bei stark klebendem Belag leih dir im Baumarkt einen „Stripper" und schieb dessen Klinge unter die Teppichstreifen.

Wohnung putzen

Was ist zu tun? Einmal pro Woche solltest du die Wohnung gründlich aufräumen und alle Böden und Oberflächen reinigen.

Wie geht das? Regel Nummer eins: Immer von oben nach unten putzen – also erst Regale, Lampen und Oberflächen feucht abwischen, dann die Böden saugen und Laminat, Fliesen und Parkett auch wischen. Bad und Küche bedürfen besonderer Pflege, denn hier sammeln sich Kalk und Krankheitskeime.

Achtung! Es geht beim Hausputz um Ordnung und Sauberkeit – nicht darum, sämtliche Bakterien plattzumachen. Antibakterielle Reiniger begünstigen das Entstehen von Allergien.

Kabel verlegen

Was ist zu tun? Um nicht auf Funkverbindungen per WLAN und Bluetooth angewiesen zu sein, willst du „unsichtbar" LAN- oder Lautsprecherkabel verlegen.

Wie geht das? Verleg Kabel am Rand des Zimmers hinter oder über den Fußleisten – am besten in Kabelkanälen mit passendem Querschnitt. Diese lassen sich an die Wand kleben oder mit Schrauben befestigen. Denk bei der Wahl der Kabellängen daran, dass du nicht die kürzeste Verbindung nehmen kannst und besorg dir ausreichend lange Kabel.

Achtung! Über eine Switch-Vermittlungsstelle lassen sich mehrere Geräte mit nur einem LAN-Kabel ans Netzwerk anschließen.

BOHRER KAUFEN?

LIEGT GUT IN DER HAND, SO EINE MASCHINE – kann schon sein. Doch wie oft brauchst du das Teil später wirklich? Und dafür so viel Geld?

149,– €

Wer Betonwände zu Hause hat, richtet mit einer Schlagbohrmaschine oft wenig aus. In solchen Fällen leistet meist ein **BOHRHAMMER** bessere Dienste. Wichtig: Dafür brauchst du spezielle Bohrer mit SDS-System!

NATURGESETZ DES WOHNENS: Mit steigender Mietdauer tendiert die Nutzungshäufigkeit der Bohrmaschine gegen null. Anders gesagt: Nur passionierte Heimwerker brauchen sie länger als vier Wochen nach dem Einzug. Danach blockiert sie nur noch Platz im Schrank oder wandert wie von selbst in den Keller. Wenn du gern eine Maschine kaufen willst, dann besser einen Akku-Bohrschrauber. Der hilft dir in den wahrscheinlicheren Fällen, dass du dir noch einen Schrank oder ein Regal zum Selbstbauen zulegst oder Schrauben festziehen musst.

BOHRER LEIHEN!

PAPA, NACHBAR, BAUMARKT – so heißen die Top-Werkzeug-verleiher. Für dein Budget die reinste Erholungskur.

14,- €
(4H)

Für geliehenes Werk-zeug verlangen **BAUMÄRKTE UND VERLEIHER** grundsätzlich eine Kaution von rund 50 bis 100 Euro. Das Geld bekommst du zurück, wenn du das Teil wieder heil ablieferst.

FÜR EIN PAAR STUNDEN, EINEN TAG oder übers Wochenende – fast jeder Baumarkt verleiht Schlagbohrmaschinen, Winkelschleifer und Teppichboden-Entferner. Also sieh zu, dass du Bohr-, Schleif- und Sägearbeiten möglichst bündelst und dann in überschaubarer Zeit über die Bühne bringst. Nur zur Sicherheit: Auch wenn die Leihgebühr für Parkettschleifer und Stemmhammer ausgesprochen niedrig ist, heißt das nicht, dass du dir Holzböden und Wände deiner Wohnung vornehmen musst. Pfusch kann sehr schnell sehr teuer werden.

WERKZEUG FÜR JEDEN!

ZWEI LINKE HÄNDE UND ALLES DAUMEN? Auch wenn aus dir kein passionierter Heimwerker wird – eine Grundausstattung an Werkzeug solltest du besitzen.

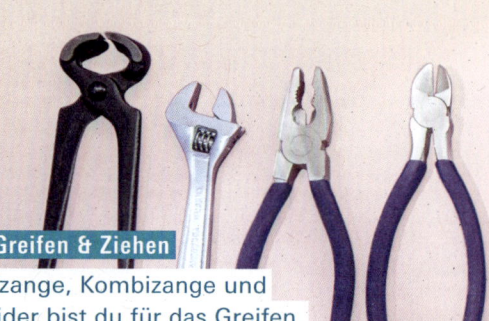

Greifen & Ziehen

Mit Kneifzange, Kombizange und Seitenschneider bist du für das Greifen, Herausziehen und Abzwicken aller Art gerüstet. Ein Rollgabelschlüssel hilft beim Lösen von Muttern und Schrauben.

Hämmern & Klopfen

Für das Einschlagen von Dübeln und Nägeln ist ein Schlosserhammer mit 300 g Kopfgewicht ideal. Eine leichtere Ausführung (100 g) Kopfgewicht ist zum Beispiel zum Einschlagen dünner Nägel in Holzleisten sinnvoll.

Messen & Prüfen

Mit einer Wasserwaage prüfst du, ob Schrank, Regal oder Bilderrahmen waage- oder senkrecht ausgerichtet sind. Ein Leitungssucher zeigt unter Putz liegende Kabel an. Zollstock oder Maßband – ist klar, oder?

Schneiden & Sägen

Ein Cutter- oder Teppichmesser eignet sich zum Schneiden von Karton, Gummi, PVC und Schaumstoff. Mit einer kleinen Bügelsäge kannst du Metall- und Holzstücke kürzen.

Festziehen & Aufschrauben

Neben zwei Schlitz- (breit/schmal), zwei Kreuzschlitz- (PH2/PZ2) und einem Lüsterklemmen-Schraubendreher sind ein Satz Ringmaulschlüssel (8 bis 17 mm), ein Satz Inbusschlüssel und eine Ratsche mit Steckschlüsseln sinnvoll.

Spuren aus Jahrzehnten
Lässt sich eine intakte Raufasertapete in der Regel problemlos überstreichen, begegnen einem in Altbauten häufig große Putzlöcher, verschlissene Tapeten und dicke Farbschichten.

WAS DIE WAND DIR ERZÄHLT

Ob im alten Zimmer oder in der neuen Wohnung: Am Malern kommen viele beim Umzug nicht vorbei. Bevor du jedoch Pinsel oder Farbrolle schwingen kannst, empfiehlt sich ein kritischer Blick auf den Untergrund: Oft ist der alles andere als eben. Was aber tun mit Rissen, Dübellöchern, bröckelndem Putz und altem Anstrich?

Voranstrich entfernen Egal, ob du direkt auf den Putz streichen oder den bisherigen Anstrich einfach übermalern willst – der Untergrund sollte trocken und staubfrei sein und nicht kreiden. Wischst du mit einem dunklen Tuch oder deiner Handfläche über die Wand und entdeckst Farbabrieb, ist die Wand nicht tragfähig. Reib sie dann mit einem Schwamm oder einer Bürste und Wasser ab.

Das ist zwar eine Riesensauerei, lohnt sich aber.

Wand grundieren Auf Wänden aus stark saugenden Materialien wie Putz sowie Gipskarton- oder Spanplatten ist eine Grundierung mit „Tiefgrund" erforderlich – sonst saugt der Untergrund die Farbe einfach auf oder reduziert deren Festigkeit. Benutze zum Grundieren am besten einen Flächenpinsel oder Quast.

Tapete checken Das Überstreichen von Tapeten – ob glatt oder Raufaser – ist kein Problem. Klebt jedoch die Tapete an den Rändern nicht mehr richtig an der Wand oder öffnen sich die Nahtstellen, solltest du vor dem Streichen mit Tapetenkleber nachbessern.

Löcher zuspachteln Bohr- und Nagellöcher spachtelst du vor dem Streichen zu. Als Erstes entfernst du jedoch Nägel mit einer Kneifzange und Schrauben samt

Dübeln mit Schraubendreher und Kombizange. Noch einfacher ist es, die Dübel einfach in der Wand zu versenken: dazu die Schraube etwas eindrehen, mit dem Hammer vorsichtig draufhauen und Schraube rausdrehen. In kleinere Löcher drückst du fertige Spachtelmasse direkt aus der Tube und streichst sie mit einem Spachtel glatt. Für größere Löcher eignet sich Spachtelmasse zum Anrühren besser. Befeuchte das jeweilige Loch innen mit einem Pinsel und etwas Wasser und verspachtel es dann mehrmals, sodass keine Hohlräume bleiben. Beachte die Trockenzeit der Spachtelmasse!

Schmutz entfernen Auch wenn es nur ein Spinnennetz ist – grober und loser Schmutz kann beim Malern stören oder hässliche Flecken verursachen. Saug deshalb vorher sämtliche Ecken gründlich ab und vergiss die Fußleisten nicht.

SCHRITT FÜR SCHRITT: WÄNDE STREICHEN

1. Raum vorbereiten: Kleb Fußleisten, Tür- und Fensterrahmen, Steckdosen und Schalter mit Kreppband ab. Leg den Boden mit Malervlies oder -folie aus und umwickel auch Heizkörper.

2. Utensilien bereitlegen: Was du brauchst sind ein Flachpinsel für die Zimmerecken, eine breite Farbrolle sowie eine Farbwanne oder wenigstens ein Abstreifgitter für den Farbeimer.

3. Farbe umrühren: Rühre vor dem Streichen die Farbe mit einem Rührholz oder einem Kochlöffel gut um. Dispersionsfarben kannst du mit maximal 5 bis 10 Prozent Wasser verdünnen.

4. Ecken streichen: Tauch den Pinsel nicht zu tief ein, streif ihn ab und streich die Farbe nicht zu dick in die Ecke, danach mehrmals auf die Randbereiche links und rechts daneben.

5. **Farbrolle vorbereiten:** Tauch die Malerrolle in die Farbe ein und streif sie am Gitter gut ab. Wiederhol das so lange, bis die Rolle komplett mit Farbe benetzt ist, aber nicht tropft.

6. **Ecken überarbeiten:** Um unschöne Farbränder zu vermeiden, überstreichst du die Farbe links und rechts der Ecken im noch nassen Zustand mit der großen Farbrolle („Nass-in-nass").

7. **Wandflächen streichen:** Setz die Farbrolle in Schulterhöhe an die Wand und verteil die Farbe zuerst nach oben, dann nach unten. Benutz beim Streichen eventuell eine Teleskopstange.

8. **Farbfläche verschlichten:** Nach jeweils etwa drei Bahnen Farbauftrag rollst du – ohne neue Farbe – nochmals über die gerade gestrichene Fläche, um die Farbe optimal zu verteilen.

BUNT STREICHEN?

WEISS IST IRGENDWIE LANGWEILIG – stimmt schon.
Doch farbige Wände können Räume auch optisch ruinieren.

Ränder von Farb-
flächen solltest du vor
dem Streichen sorgfältig
ABKLEBEN. Ist der Untergrund uneben, tupfst du Lücken zwischen Wand und
Kreppband mit Pinsel und
weißer Farbe zu.

INDIVIDUELL UND GEMÜTLICH – so sollen die Zimmer deiner Wohnung sein. Dazu gehört für dich Farbe an den Wänden? Warum auch nicht: Besonders gut sehen oft einzelne farbige Flächen in Verbindung mit weißen Wänden aus. Überleg dir aber vorher, wie die jeweilige Farbe wirkt und ob sie zur Einrichtung des Zimmers passt. Kauf am besten im Baumarkt oder Fachhandel eine Farbpalette und schau dir die Abstufungen an. Lass dir ein paar Farbtöne mischen, bemal damit Tapetenreste und teste sie daheim bei verschiedenen Lichtverhältnissen.

BUNT EINRICHTEN!

DEUTLICH FLEXIBLER BLEIBST DU, wenn du die Farben nicht an den Wänden sprechen lässt, sondern bei der Einrichtung.

Auch ein wildes **CROSSOVER** kann spannend wirken – meist ist es jedoch besser, auf eher wenige Farben und Muster zu setzen.

FARBEN BRINGEN STIMMUNG in die Wohnung. Doch deine Vorliebe für kräftige oder auch pastellige Töne muss sich nicht zwingend an den Wänden niederschlagen. Auch mit Möbeln und Accessoires wie Decken und Kissen kannst du wunderbar farbige Akzente setzen – und deren Zusammenspiel jederzeit verändern. Und falls du partout doch deine Wände gestalten willst: Auch mit einem exotischen Wandteppich, einem zarten Tuch oder einem Motiv-Tattoo zauberst du im Handumdrehen jede Menge Atmosphäre ins traute Heim – immer wieder neu.

FARBEN WIRKEN WUNDER

Farben liegen im Trend – sowohl Möbel und Accessoires als auch Wände können damit Akzente setzen. Ein Trend allein sollte zwar noch kein Grund sein, etwa das klassische Weiß der Wände für ein pastelliges Grün, erdiges Braun oder knalliges Blau zu opfern. Trotzdem: Setzt du Farben ganz bewusst ein, kannst du mit ihnen bestimmte Stimmungen und individuelles Flair erzeugen und ein Zimmer optisch umgestalten.

TIPP 1: Optische Tricks nutzen

Hier ein paar Grundregeln zur Wirkung von Wandfarben: Helle Wände und eine helle Decke lassen den Raum größer erscheinen. Umgekehrt: Streichst du Wände farbig, rücken sie zusammen. Setzt du die Decke gegenüber den Wänden hell ab, kannst du den Raum optisch nach oben strecken. Noch stärker wirkt dieser Effekt, wenn du auch den Wänden direkt unter der Decke einen umlaufenden Streifen in der helleren Deckenfarbe gönnst. Hast du einen langen, schmalen Flur, probier mal aus, wie die Stirnwand gegenüber der Eingangstür in einer dunkleren Farbe wirken würde. Im besten Fall nimmt das dem Flur die Tiefe.

Extra-Tipp: Willst du selbst einen Farbton mischen, brauchst du neben der weißen Deckfarbe eine Abtönfarbe wie Grün, Blau oder Gelb. Diese mischst du im auf der Verpackung angegebenen Verhältnis – zum Beispiel 50 Milliliter auf 950 Milliliter – mit der Deckfarbe. Zum Mischen verwendest du einen Holzlöffel oder eine Bohrmaschine mit Quirlaufsatz. Achte darauf, dass die Farben sich vollständig vermischen!

TIPP 2: Passende Farben wählen

Nicht jeder Farbton passt für jedes Zimmer. Grund dafür ist, wie wir Farben wahrnehmen. So wirkt Rot anregend und treibt den Blutdruck nach oben – nicht unbedingt ideal fürs Schlafzimmer. Ein beruhigendes Blau passt eher – kann aber dazu führen, dass verfrorene Typen schon beim Hinschauen frösteln. Wärme und Ruhe zugleich strahlen Erdtöne aus. Dagegen soll ein Bad Hygiene und Frische vermitteln. Dafür eignen sich natürliche Grün- und Blautöne, die du am besten mit Weiß kombinierst. Da neben den Wänden auch Boden und Möbel die Wirkung eines Raumes beeinflussen, solltest du deren Farben ebenso in deine Planung einbeziehen. Hast du ein knallgelbes Sofa im Wohnzimmer, brauchst du nicht noch eine schreiend grüne Wand.

TIPP 3: Farben clever kombinieren

Wirken in einem Raum mehr als zwei Farben zusammen, werden die Assoziationen komplexer. Bestimmte Kombinationen stehen dann für eine Zeitspanne oder eine geografische Region. Bestes Beispiel: Helle Grau- und Blautöne sind typisch für den skandinavischen Wohnstil. Dagegen verleiht die Mischung aus Pink-, Violett- und Rottönen Räumen einen orientalischen Touch. Wofür du dich entscheidest, hängt stark von deinen Vorlieben ab. Bist du in einem dezenten, pastelligen Ambiente aufgewachsen, wirst du vermutlich auch in deiner Wohnung nicht auf Knallfarben und heftige Kontraste umschwenken. Kleidest du dich am liebsten in Naturtönen, werden sich diese sehr wahrscheinlich auch in deiner Wohnung wiederfinden.

Extra-Tipp: Du bist deinen Prägungen nicht hilflos ausgeliefert. Im Gegenteil: Machst du dir die Wirkung von Farben bewusst, kannst du sie gezielt einsetzen und dabei gelernte Muster durchbrechen. Andererseits dürfte es eher schwierig werden, dass du dich in einer Wohnung wohlfühlst, deren Einrichtung du farblich komplett gegen deine Gewohnheiten gestaltet hast.

TIPP 4: Muster sparsam verwenden

Groß oder klein, streng oder verspielt, bunt oder Ton in Ton – die Auswahl an Mustern ist unerschöpflich. Das betrifft Wandputz und Tapeten genau wie Vorhänge und Kissen. Muster können aber auf Dauer auch nerven – vor allem in kleinen Räumen solltest du sie deshalb zurückhaltend verwenden und möglichst wenige Muster mixen. Insbesondere große, üppige Muster – etwa bunte Blüten auf einer Tapete – lassen Räume schnell vollgestopft und überladen wirken. Faustregel: Entscheidest du dich für ein Muster an der Wand, hältst du dich bei der Einrichtung besser zurück – und umgekehrt. Andererseits gehst du an die Auswahl der Muster besser nicht mit Zollstock und Farbpalette heran: Erlaubt ist, was gefällt. Gib den Räumen deiner Wohnung ganz bewusst eine überraschende Note, damit sie nicht durchgestylt und dadurch langweilig wirken. Warum nicht ein türkises Kissen mit großen Kreisen, ein orangefarbener Tischläufer mit kleinen Karos oder ein Wandsegment mit schmalen vertikalen Farbstreifen als Blickfang?

TIPP 5: Keine Billigfarbe kaufen

Farbe zum Streichen von Innenwänden nennt sich Dispersionsfarbe. Diese Farbe besteht aus Wasser, Farbpigmenten und Bindemitteln wie Kunst- oder Naturharz. Ab ungefähr 30 Euro bekommst du im Baumarkt oder Fachhandel 10 Liter Farbe in einer für Wohnräume geeigneten Qualität. Hier gilt: Je weniger die Farbe kostet, desto größer ist die Gefahr, dass du mehrere Anstriche brauchst, bis sie endlich deckt. Der Grund: Höherwertige Farben enthalten mehr Farbpigmente und Bindemittel.

Extra-Tipp: Dispersionsfarben lassen sich nach Deckkraft und Abriebfestigkeit klassifizieren. Zum Streichen von Wänden und Decken sollte eine hochdeckende Wandfarbe mit Deckkraftklasse 1 und Nassabriebklasse 2 ausreichen. Latexfarbe solltest du nur kaufen, wenn du einen äußerst wasch- und abriebbeständigen Anstrich oder eine glänzende Oberfläche brauchst.

ABGEPRALLT?

IST DOCH NUR EIN BILDERRAHMEN – dafür lohnt es sich nicht zu bohren.
Denkst du so und greifst zu Hammer und Nagel. Doch dann …

Ist die Wand aus Stein, Ziegel oder Gipskarton, lassen sich kleinere und leichte Gegenstände mit Nägeln an ihr befestigen. Wichtig: Eingeschlagene Nägel sollten **LEICHT NACH OBEN** zeigen, damit die Last nicht abrutscht.

Um dir nicht auf den Daumen zu klopfen, steckst du den Nagel durch einen **PAPPSTREIFEN** sodass er hinten herausschaut. Jetzt Nagelende an die Bohrlochmarkierung halten, Pappe an die Wand drücken und Nagel einschlagen.

… VERBIEGT SICH DER NAGEL, kaum dass er ein paar Millimeter in der Wand steckt. Was ist passiert? Ganz einfach: Du bist zwar durch die Putzschicht gekommen, doch an der Wand ist Schluss. Erste Möglichkeit: Du nimmst einen möglichst kurzen Nagel. Nachteil: Ist das Bild zu schwer, wird es nicht lange hängen. Zweitens: Du besorgst dir harte Stahlnägel und versuchst dein Glück erneut. Durch Betonwände kommst du aber auch damit nicht. Variante drei: Du kaufst dir Strips oder Haken zum Ankleben und hoffst, dass sie die Last halten.

ANGESCHRAUBT!

NICHT ÜBEL, SPRACH DER DÜBEL und verschwand in der Wand. Noch die passende Schraube dazu – jetzt halten sogar Schwergewichte.

Damit der Fußboden sauber bleibt, lässt du einen Helfer während des Bohrens den **BOHRSTAUB ABSAUGEN**. Ist niemand da, klebst du vor dem Bohren einen offenen Kaffeefilter oder Briefumschlag unter das Loch.

Größere Bilder hängst du an zwei eingedübelten Schrauben oder Haken auf. **MARKIERE** die Bohrlöcher vorher mit Bleistift, Maßband und Wasserwaage.

EIN LOCH IN DIE WAND ZU BOHREN, ist nicht schwer, doch ein paar Dinge solltest du wissen, bevor du die Maschine ansetzt. Setze die Bohrspitze senkrecht zur Wand an und beginne mit leichtem Druck und niedriger Drehzahl zu bohren, bis der Bohrer Halt findet. Dann bohrst du bis zur gewünschten Tiefe und ziehst den Bohrer mit drehendem Motor heraus. Ist das Bohrloch dennoch zu groß geworden, wickelst du Reparaturvlies um den Dübel oder stopfst das Loch mit Reparierknete aus dem Baumarkt, klopfst den Dübel ein und lässt alles aushärten.

PLÖTZLICH DUNKEL?

EIN VOLLTREFFER MIT FOLGEN – denn dummerweise hast du beim Bohren ein Stromkabel erwischt und stehst auf einmal ohne Licht da.

Indizien dafür, dass du eine Leitung angebohrt hast, sind **NACHLASSENDER WIDERSTAND** sowie eine veränderte Färbung des Bohrmehls.

Finger weg von Reparatur-Sets und DIY-Anleitungen aus dem Netz! Jede Form der **SELBSTHILFE** ist nur etwas für versierte Heimwerker. Auch die sollten ihr Werk anschließend einem Elektriker zeigen.

URSACHE DES STROMAUSFALLS: Sicherung oder Schutzschalter sind rausgeflogen. Sie wieder einzuschalten, wäre leichtsinnig bis lebensgefährlich – selbst wenn das Licht wieder geht. Auch angekratzte Kabel und kaputte Schutzleiter können Stromschläge auslösen. Lass die Sicherung deshalb unbedingt ausgeschaltet – und informiere den Vermieter, damit er einen Elektriker vorbeischickt. Die Reparatur wird zwar nicht billig. Hast du aber nicht gerade direkt unter einem Schalter oder einer Steckdose gebohrt, zahlt eventuell deine Privathaftpflicht.

GANZ SCHÖN HELLE!

WO STROMKABEL ENTLANGFÜHREN, ist meist kein Zufall. Mit etwas Augenmaß und einem Ortungsgerät bist du auf der sicheren Seite.

Ortungsgeräte sind bereits ab ca. 20 Euro erhältlich. Teurere Geräte orten Kabel jedoch meist genauer und finden auch **TIEFER LIEGENDE** Leitungen. Lies in jedem Fall die Gebrauchsanleitung, damit du den Detektor richtig verwendest.

Die Gefahr, dass Stromleitungen aus Kostengründen diagonal verlegt wurden, besteht vor allem in **ALTBAUTEN**. Ein Detektor ist hier ein Must-have.

OB SENKRECHT ODER WAAGERECHT – in der Verlängerung von Schaltern und Steckdosen ist die Wahrscheinlichkeit hoch, auf Stromkabel zu stoßen. Außerdem existiert für deren Lage eine DIN-Norm: Demnach dürfen Leitungen waagerecht im Bereich zwischen 15 und 45 sowie 100 und 130 Zentimetern über dem Boden sowie zwischen 15 und 45 Zentimetern unter der Decke verlaufen – senkrecht zwischen 10 und 30 Zentimetern neben Türen, Fenstern und Zimmerecken. Zusätzlich ist ein Ortungsgerät sinnvoll, das anzeigt, wo du bohren darfst.

Besser in die Fuge
Beschädigst du Fliesen, könnte
dein Vermieter sauer reagieren. Bohre
deshalb möglichst oberhalb des Fliesen-
spiegels oder allenfalls in die Fuge.
Seifenhalter und Zahnputzbecher lassen
sich auch mit Saugnäpfen an der
Wand befestigen.

FAKTENCHECK: LÖCHER BOHREN

Duschvorhang, Leuchten, Regale, Spiegel, Bilder – für viele Sachen musst du Löcher in die Wand bohren. Doch wie viele sind erlaubt? Zu dieser Frage gab es schon erbitterte Auseinandersetzungen vor Gericht. Tenor: Erst wenn so viele Löcher vorhanden sind, dass deren Anzahl den „vertragsgemäßen Gebrauch" übersteigt, muss der Mieter wegen Beschädigung haften. Und was heißt das jetzt?

Zu viele oder nicht? Die Abgrenzung wirkt zunächst beliebig: So entschied das Amtsgericht Plön 2001, dass 20 Bohr- und Nagellöcher in der Wohnung nicht zu beanstanden seien (Az. 1 C 1231/00). Das Landgericht Kiel fand sogar 32 Dübellöcher im Badezimmer okay (Az. 307 S 50/01). Andere Gerichte hatten nichts gegen 14 Dübellöcher in der Küche zum Anbringen einer Arbeitsplatte (AG Rheinbach, Az. 3 C 199/04) sowie 11 Dübellöcher im WC und 13 im Badezimmer einzuwenden (AG Darmstadt, Az. 17 S 11/86).

Erforderlich oder sinnlos? Faustregel zur Orientierung: Sind Löcher zum Befestigen von Hängeschränken, Regalen, Bildern etc. erforderlich, muss sie der Vermieter tolerieren. Eine Grenze ziehen Gerichte, wenn Löcher ohne erkennbaren Zweck sowie in ungewöhnlicher Anzahl und ohne Rücksicht auf die Belange des Eigentümers gebohrt werden. Hängen in deinem Wohnzimmer dutzende kleiner Bilder, könnte es eng für dich werden.

Fuge oder Fliese? Ähnlich ist die Rechtslage, wenn es um das Befestigen üblicher Gegenstände im Bad geht. Lässt es sich nicht vermeiden, darfst du die Wandfliesen durchbohren. Ansonsten gehören Bohrlöcher in die Fugen. Die erlaubte Anzahl hängt auch von der Ausstattung beim Einzug ab: Hat der Vermieter weder Handtuch- noch Klorollenhalter, Badewannengriff oder Duschstange angebracht, darfst du sie installieren. Tipp: Ein standardmäßiges Bohrverbot für Fliesen im Mietvertrag ist unwirksam – nicht aber eine individuelle Vereinbarung. Lässt du dich darauf ein, bohrst dann aber doch, bist du unter Umständen schadenersatzpflichtig.

Beseitigen oder nicht? Auch eine Klausel, wonach du beim Auszug Dübellöcher verschließen und durchbohrte Fliesen ersetzen musst, ist unwirksam (BGH, Az. VIII ZR 10/92). Du musst lediglich alte Dübel entfernen. Bist du dagegen wirksam zu Schönheitsreparaturen verpflichtet, gehört dazu auch das Verschließen der Löcher.

SO HÄLT ALLES BOMBENSICHER

1 **Untergrund** Damit nichts abstürzt, müssen Dübel, Schraube und Untergrund perfekt harmonieren. Zu beachten ist auch die Belastung, der die Halterung ausgesetzt ist. **Faustregel: Je solider der Untergrund, desto schwerer darf die Last sein.** Und: Je schwerer die Last, desto tiefer ins Mauerwerk gehört die Verankerung – desto größer und länger also der Dübel. Zur Bestimmung des Untergrundes klopfst du mit der Faust kräftig gegen die Wand. Hohler Klang und leichtes Nachfedern deuten auf Gipskarton- oder andere Platten vor Hohlräumen, dumpfer Klang und harter Untergrund auf solides Mauerwerk oder Betonwände hin.

2 **Verankerung** Der Dübel muss ausreichend Halt im Stein finden. Ist die Wand verputzt, musst du also tiefer bohren und längere Dübel und Schrauben verwenden. Wichtig: Die Schraube sollte stets länger sein als der Dübel und in der Wand aus dessen Ende herausragen. **Welche Dicke zum Dübel passt, steht meist auf der Verpackung.** So passen in 8 Millimeter dicke Allzweckdübel oft 4,5 bis 6 Millimeter dicke Schrauben. Je dicker die Schraube, desto besser spreizt sich der Dübel im harten Untergrund auf.

3 **Bohrlöcher** Reste von Bohrmehl können die Tragkraft eines Dübels um bis zu 50 Prozent reduzieren. Deshalb lohnt es sich, jedes Bohrloch sorgfältig zu putzen. **Sauge es mit dem Staubsauger aus und besorge dir für tiefere Löcher eine längliche Bürste oder einen speziellen Ausbläser.** Bei Injektionsmörteln, also chemischen Dübeln, schreibt die Gebrauchsanleitung diese Reinigungsmethode sogar vor.

4 **Traglast** Wie viel ein Dübel trägt, hängt vom Untergrund und von der Art des Dübels ab. Infos findest du meist auf der Verpackung. Wähle im Zweifel eher einen längeren und dickeren Dübel mit entsprechender Schraube.

5 **Risiken** Ein Absturz droht, wenn das Bohrloch zu groß oder der Dübel zu klein ist – sodass er keinen sicheren Halt findet. **Zu kleine Schrauben verschärfen das Problem zusätzlich.** Gefährlich werden kann es, wenn die Halterung starken oder dynamischen Belastungen ausgesetzt ist, weil etwa ein Boxsack daran hängt. Auch hier wähle vorsorglich lieber längere Dübel und dickere Schrauben.

6 **Sicherheit** Befestige den Bohrer so im Bohrfutter der Maschine, dass er sich nicht lösen kann. Vor allem bei Über-Kopf-Arbeiten solltest du eine Schutzbrille tragen.

PERFEKTE DÜBEL FÜR JEDE WAND

Universaldübel, Hohlraum-dübel, Spreizdübel – so ein Ausflug in die Abteilung „Kleinzeug" des örtlichen Baumarktes ist verwirrend. Gar nicht so leicht, da das Richtige zu finden.

Bringe zuerst in Erfahrung, aus welcher Art von Steinen oder Platten deine Wände sind. Bohre sie dazu ruhig an einer Stelle an, an der du ohnehin ein Loch brauchst. Meist geben Farbe und Be-schaffenheit des Bohrmehls gute Hinweise.

Dann geht es darum, Dü-bellänge und -durchmesser zu wählen. Diese richten sich nach der Schwere der Last. Nicht verzweifeln: In vielen Fällen tut es ein 6er-Universaldübel mit 4,5er-Schraube.

Hohlraumstein (leichte Last)

Wie merke ich das? Stößt der Bohrer hin und wieder spürbar in Hohlräume vor, besteht die Wand wahr-scheinlich aus Lochziegeln. Ist das Bohrmehl nicht rot-braun, sondern weiß, han-delt es sich um Kalksand-loch- oder Hohlblocksteine.

Was ist zu beachten? Dübel können hier nur geringere Lasten halten. Für wenige Kilogramm Last empfehlen Hersteller Universaldübel mit 6 Millimetern Dicke. Sie spreizen sich auf oder bil-den Knäuel und verankern sich so in den Hohlräumen.

Aufpassen! In Lochziegel bohrst du gefühlvoll und ohne Schlag, damit im In-neren des Bohrlochs mög-lichst wenig kaputt geht und es nicht ausfranst.

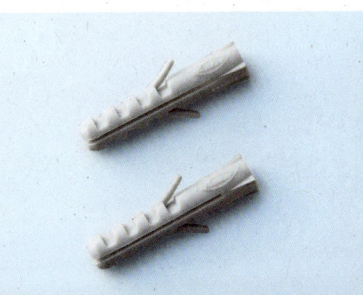

Hohlraumstein (mittlere Last)

Wie merke ich das? siehe erste Spalte

Was ist zu beachten? Für mittelschwere Lasten eignen sich neben Universaldübeln auch die spreizenden Lang-schaftdübel der Firma Fischer (siehe Foto unten). Deren Lamellen passen sich beim Aufspreizen den Hohlräumen des Steins an. Auch geeig-net ist der Bizeps, ein Paral-lel-Spreizdübel von Tox, der mehr als 30 Kilogramm trägt. Für noch größere Lasten sind chemische Verankerun-gen erste Wahl (siehe S.111).

Aufpassen! Für einen op-timalen Halt in der Wand achte besonders darauf, dass die Schraube aus-reichend dick und länger als der Dübel ist.

Beton und Stein

Wie merke ich das? Ist der Untergrund durchgängig so hart, dass du unter der Putzschicht nur mit Schlag ein Loch in die Wand bekommst, handelt es sich um eine Wand aus Beton, Kalksandstein oder Ziegeln. Letztere erkennst du am roten oder gelben Bohrmehl.

Was ist zu beachten? Für leichte Lasten von wenigen Kilogramm empfehlen die Hersteller kleinere Universal- und Spreizdübel mit 6 Millimetern Durchmesser. Für Lasten von 20 bis etwa 45 Kilogramm nimmst du in Steinwänden besser größere Dübel mit 8 Millimetern.

Aufpassen! Kommst du mit leichtem Schlag nicht vorwärts, solltest du dir einen Bohrhammer ausleihen.

Porenbeton

Wie merke ich das? Kommt der Bohrer zügig voran, steckt er meist in Porenbeton wie Ytong-Steinen oder anderem leichten Material. Das Bohrmehl ist dann hellgrau und etwas grobkörnig.

Was ist zu beachten? Bohre am besten ohne Schlag. Für leichte Lasten reichen Universaldübel, für schwerere Lasten eignen sich spezielle Poren- oder Gasbetondübel wie der Fischer GB mit spiralförmigen Flügeln oder der dreieckige Tox Ytox. Diese treibst du mit dem Hammer ins Bohrloch. Je nach Durchmesser halten sie bis 40 Kilogramm.

Aufpassen! Bohre immer einige Zentimeter tiefer als der Dübel und vor allem die Schraube lang sind.

Gipskarton (leichte Last)

Wie merke ich das? Platten aus Gipskarton (z. B. Rigips) sind meist 12,5 Millimeter dünn und zum Teil zweilagig auf das Gerüst geschraubt. Beim Klopfen klingt Gipskarton hohl und federt etwas nach. Das Bohrmehl ist feiner weißer Gips.

Was ist zu beachten? Geeignet sind Universaldübel, die hinter den Platten Knäuel bilden oder aufklappen (z. B. Fischer Duopower, Tox Deco). Alternativ gibt es Spiraldübel aus Kunststoff oder Metall, die sich – oft sogar ohne Vorbohren – in die Wand einschrauben lassen.

Aufpassen! Spiraldübel drehst du mit einem Bohrschrauber bei niedriger Drehzahl und aktiver Drehmomentbegrenzung ein.

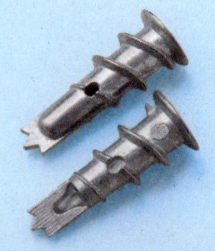

Gipskarton (schwere Last)

Wie merke ich das?
siehe dritte Spalte

Was ist zu beachten? Für Lasten bis 20 Kilogramm eignen sich Hohlraum-Metalldübel (siehe Foto), die sich beim Anziehen der Schraube aufspreizen, zum Beispiel Fischer HM und Tox Acrobat. Etwa gleiche Haltekräfte versprechen Hohlraumklappdübel, die sich durchs Bohrloch stecken lassen und „Beine" aufspreizen. Beispiele: Tox Spagat und Fischer Feder-Klappdübel KD. Für noch schwere Lasten eignen sich mit mehreren Hohlraumdübeln angebrachte Querschienen.

Aufpassen! Bohre ohne viel Druck mit einem Holz- oder Metallbohrer und dreh die Schrauben gefühlvoll ein.

Hohlräume über Decken

Wie merke ich das? Bohrst du ein Loch in die Decke – etwa, um eine Leuchte, eine Pflanzenampel oder einen Duschvorhang anzubringen –, stößt der Bohrer eventuell schnell in einen Hohlraum.

Was ist zu beachten? In abgehängten Decken halten normale Kunststoff-Spreizdübel nicht. Für leichte bis mittlere Lasten eignen sich Gipskartondübel (siehe Spalte 3) sowie Klapp- bzw. Kippdübel, je nach Einsatzzweck mit oder ohne Haken (siehe Foto). Für schwerere Lasten kommen Hohlraum-Metalldübel infrage.

Aufpassen! Damit die Anker eines Klappdübels durchs Bohrloch passen, muss dieses meist 10 oder 12 Zentimeter Durchmesser haben.

Injektionsmörtel

Wofür ist das gut? Paste ins Bohrloch spritzen, Gewindestange einsetzen, aushärten lassen, Last anhängen, mit Mutter sichern – fertig. Chemische Dübel halten schwere Lasten, etwa Markisen. In Lochsteinwände setzt du zuerst eine passende Siebhülse (rechts im Foto) ein.

Was ist zu beachten? Die Zweikomponentenmasse wird aus einer Kartusche mit aufgeschraubter Mixtülle eingespritzt. Setze dann die Gewindestange (mindestens 8 Millimeter Durchmesser) zügig ein, sonst ist der Mörtel bereits zu hart.

Aufpassen! Beim Injizieren ziehst du die Mixtülle langsam von hinten nach vorn, bis etwa zwei Drittel des Bohrlochs gefüllt sind.

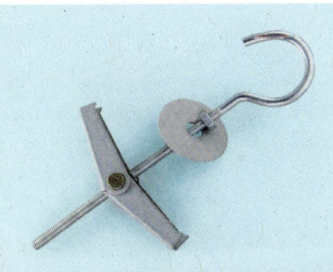
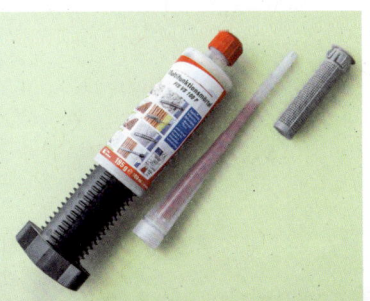

SCHRITT FÜR SCHRITT: LEUCHTEN ANBRINGEN

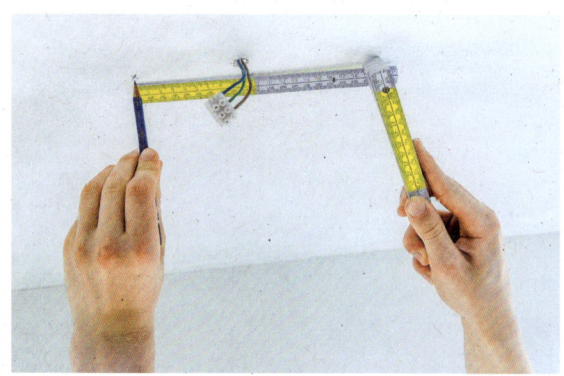

1. **Bohrlöcher markieren** Zuerst misst du den Abstand der Löcher an der Leuchte. Platziere die Markierungen mithilfe des Ortungsgerätes so, dass du nicht ins Kabel bohrst.

2. **Sicherung ausschalten** Den Lichtschalter auszumachen, reicht nicht aus! Mit einem Phasenprüfer checkst du, ob die Leitung stromlos ist. Das rote Lämpchen bleibt dann aus.

3. **Löcher bohren** Wähle den passenden Bohrer, setze deine Schutzbrille auf und setze die Bohrmaschine senkrecht auf die Markierungen. Bohre bis zur gewünschten Tiefe.

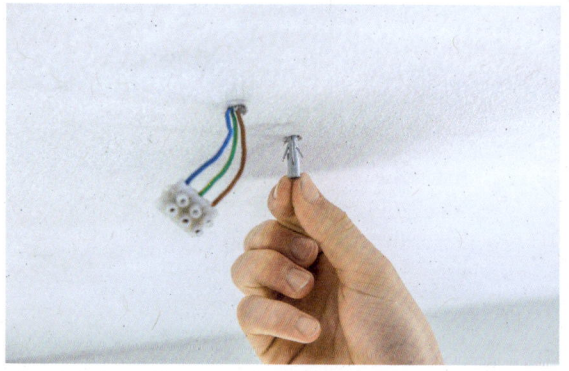

4. **Dübel einsetzen** Falls nötig, hilfst du mit dem Hammer vorsichtig nach. Spürst du einen Widerstand, reinige das Bohrloch gründlich oder bohre erneut – und dieses Mal etwas tiefer.

5. **Leuchte befestigen** Für eine Hängeleuchte drehst du einen Haken ins Bohrloch und hängst das Kabel an einer Öse auf. Eine Deckenleuchte befestigst du mit den vorgesehenen Schrauben.

6. **Drähte verbinden** Mit einer Lüsterklemme verbindest du erst die grün-gelben, danach die blauen und am Ende die schwarzen Drähte miteinander. Schrauben festziehen nicht vergessen.

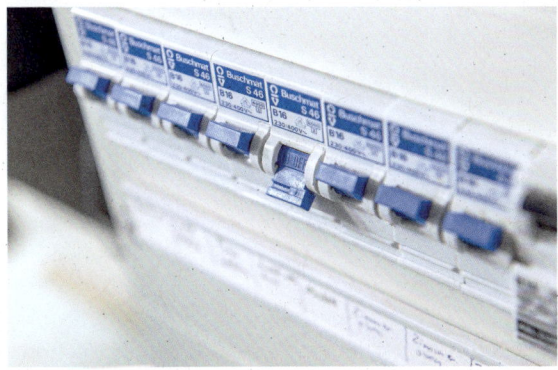

7. **Lampe einsetzen** Je nach Fassung benötigst du eine Lampe mit einem bestimmten Sockel. Setze diese korrekt ein und befestige – bei Deckenleuchten – am Schluss die Abdeckung.

8. **Sicherung einschalten** Ist alles installiert, kannst du den Stromkreis wieder ans Netz anschließen. Wenn du jetzt den Lichtschalter bedienst, solltest du nicht mehr im Dunklen stehen.

Eine schlägt sie alle ...
Kompaktleuchtstofflampen (links)
enthalten Quecksilber, Halogenspots
(Mitte) verbrauchen zu viel Strom – an
LEDs (hier eine moderne Ausführung
mit Leuchtfäden) führt inzwischen
kein Weg mehr vorbei.

FAKTENCHECK: SPARLAMPEN

Klassische Glühlampen, die statt als Lichtquelle eher als Heizkörper taugten, liegen zwar schon seit 2012 nicht mehr in den Regalen. Jede Menge Strom mit deiner Beleuchting verpulvern kannst du trotzdem – indem du möglichst viele Halogenlampen verwendest. Unabwendbar ist das jedoch keinesfalls – schließlich gibt es heute für jeden Zweck LEDs zu vernünftigen Preisen. Hier ein paar Tipps, damit dir das richtige Licht aufgeht.

Bestandsaufnahme Bevor du deine Lampen nach dem Einzug in Betrieb nimmst, schau am besten nach, was so alles in deinen Decken-, Wand- und Stehleuchten herumfunzelt. Alte Glühlampen erkennst du entweder am quer verlaufenden Glühfaden im Inneren oder an der Wattangabe auf dem Sockel (z. B. 40 Watt). Kompaktleuchtstofflampen haben zwischen Sockel und spiralförmigem Glasrohr ein weißes Gehäuse, hinter dem sich das elektronische Vorschaltgerät verbirgt. Halogenlampen sind häufig als längliche Lämpchen oder runde Spots zu finden und werden oft mithilfe zweier kleiner Stifte eingesteckt.

Einsparpotenzial Verglichen mit alten Glüh- und Halogenlampen sparen LEDs bis zu 90 Prozent Strom. Gegenüber Kompaktleuchtstofflampen sind LEDs beim Kauf zwar in den meisten Fällen teurer, verbrauchen aber ebenfalls weniger Strom. Faustregel: Je öfter und je länger eine Lampe brennt, desto mehr lohnt sich die LED. Zudem hat die „Licht emittierende Diode" im Schnitt eine höhere Lebensdauer und eine bessere Farbwiedergabe als eine vergleichbare Kompaktleuchtstofflampe.

Umstieg Sowohl für Lämpchen als auch Spots gilt: Steigst du von Halogen auf LED um, nimm die alte Halogenlampe mit in den Laden. Zwar haben LEDs dieselbe Sockelform – da darin jedoch Elektronik Platz finden muss, sind LED-Lampen oft länger als ihre Halogen-Gegenstücke. Vor allem in geschlossenen Spotleuchten wird es dann eng – oder die LED ragt über den Schirm der Leuchte hinaus und blendet.

Lichtanlagen Hast du eine 12-Volt-Leuchte mit mehreren Lampen, kann es sein, dass das Licht nach einem Umstieg auf LED flackert. Grund: Da die LEDs zu wenig Strom ziehen, kommt der Trafo nicht auf seine Mindestleistung. Statt dir extra einen LED-tauglichen Trafo anzuschaffen, kannst du auch eine der Halogenlampen in Betrieb behalten. Der dadurch etwas höhere Strombedarf sorgt meist bereits für stabiles Licht.

SPARLAMPEN – WAS DIE VERPACKUNG VERRÄT

Ob Kompaktleuchtstoff- oder LED-Lampe: Um beim Kauf das gesuchte Modell zu erwischen, benötigst du einen Grundkurs in Fachchinesisch. Hier ist er. Neben der Kenntnis über Zahlenangaben und kryptischen Maßeinheiten brauchst du außerdem ausgeprägte Skills im Deuten von Symbolen. Wenn du dein neu gewonnenes Wissen in die Praxis umsetzt, stehst du am Schluss mit der richtigen Lampe da. Falls nicht, lautet die Devise: Neustart.

Lichtstärke

Der Lumen-Wert (kurz: lm) auf der Verpackung gibt an, wie hell eine Lampe leuchtet. Bei Spots ist die Lichtstärke im 90-Grad-Winkel gemeint. Um zu Vergleichszwecken auf den Watt-Wert einer herkömmlichen Glühlampe zu kommen, hältst du dich am besten an folgende Werte. Demnach entsprechen:
1300 bis 1530 Lumen – 100 Watt,
920 bis 1060 Lumen – 75 Watt,
700 bis 810 Lumen – 60 Watt,
410 bis 470 Lumen – 40 Watt,
220 bis 250 Lumen – 25 Watt.

Stromverbrauch

Die Hersteller geben auf der Verpackung zwar den Energieverbrauch einer Lampe in Watt an – nicht aber die Lichtausbeute in Lumen pro Watt.

Lebensdauer

Der Hersteller verspricht auf der Verpackung die zu erwartende Lebensdauer der Lampe bei normalem Gebrauch. Selbst wenn sie früher schlappmacht: Kompaktleuchtstofflampen rechnen sich in Relation zu Halogenlampen aufgrund des geringen Stromverbrauchs relativ schnell, LEDs brauchen dafür nur wenig länger.

Schaltfestigkeit

Oft an- und ausgeschaltete Lampen, zum Beispiel im Flur und in Bewegungsmeldern, sollten möglichst viele Schaltvorgänge aushalten. Von der Stiftung Warentest mit gut und besser bewertete Modelle schafften im Langzeittest rund 1 Million Schaltvorgänge.

Lichtfarbe

Kompaktleuchtstofflampen und LEDs bieten eine breite Palette an Lichtfarben. Die Sonne-Eiskristall-Skala mit dem Pfeil und die Kelvin-Angabe zeigen dir, ob eine Lampe eher warmes oder eher kaltes Licht abstrahlt. Warmweiße Lampen leuchten mit höchstens 3300 Kelvin, tageslichtweiße mit mehr als 5300 Kelvin. Alle Werte dazwischen lassen sich der Kategorie neutralweiß zurechnen.

Sockel

Verbreitet sind die Sockelgrößen E 27 (groß) und E 14 (klein) mit Schraubgewinde. Spotlampen gibt es mit GU 10-Stecksockel für 230 Volt, G 5.3 Stiftsockel für 12 Volt (mit Trafo), G 9-Stecksockel für Lämpchen (230 Volt), G 4-Sockel für Lämpchen (12 Volt) und G 13 für Röhren.

Farbwiedergabe

Vor dem Schminkspiegel, über der Arbeitsplatte in der Küche, am Schreibtisch oder um Bilder in Szene zu setzen ist es wichtig, dass Farbtöne unverfälscht auf den Betrachter wirken. Kauf dafür möglichst Lampen mit einem Farbwiedergabeindex (R_a- oder CRI-Wert) von 90 oder mehr. Die Skala reicht bis 100.

Dimmbarkeit

Falls der Lichtschalter eine Dimmfunktion hat, brauchst du Sparlampen mit spezieller Elektronik. In unserem Test funktionierte jedoch kaum eine Lampe mit allen Dimmertypen. Vereinbare am besten mit dem Verkäufer, dass du die Lampe umtauschen darfst, wenn sie mit deinem Dimmer nicht richtig funktioniert.

Anlaufzeit

LEDs spenden sofort helles Licht. Kompaktleuchtstofflampen brauchen dagegen oft etwas länger. Auf ihrer Verpackung kannst du ablesen, wie lange es dauert, bis sie 60 Prozent ihrer maximalen Helligkeit erreicht haben. Dauert es mehrere Sekunden, bis du richtiges Licht hast, ist die Lampe für den Flur oder das Bad ungeeignet.

Ausstrahlungswinkel

Möchtest du das Licht breit verteilen oder soll es gezielt auf eine Arbeitsplatte oder auf ein Bild fallen? Der Ausstrahlungswinkel wird in Grad gemessen und gibt an, in welchem Bereich ein Spot mit mindestens der Hälfte der höchsten Lichtstärke strahlt. Unsere Test-LEDs haben, wie viele Halogenspots, einen Ausstrahlungswinkel von 25 bis 40 Grad.

Lichteffekte sind planbar
Wechselnde Stimmungen lassen sich eher mit mehreren kleineren Lichtquellen erzeugen. Für diffuses Umgebungslicht tut's aber auch die formschöne Deckenleuchte.

BRINGE RÄUME ZUM LEUCHTEN

In einer Wohnung sind im Schnitt 30 bis 40 Lampen im Einsatz. Nach dem Einzug loszurennen und 40 LEDs zu kaufen, wird trotz aller Energieersparnis ganz schön teuer. Und wer wirft schon Lampen weg, die noch funktionieren? Gute Nachricht: Nicht überall müssen LEDs brennen, in manchen Räumen kannst du auch Vorräte aufbrauchen. Gehen wir die Wohnung einfach mal durch.

Abstellraum Hier reichen zur Not alte Glühlampen. Angesichts der sehr kurzen Brenndauer ist der Stromverbrauch ohnehin minimal. Auch alte Sparlampen kannst du hier verwenden.

Arbeitszimmer Tageslicht am Arbeitsplatz hält wach. Dafür eignen sich Sparlampen und LEDs mit mehr als 5 500 Kelvin und einem R_a-Wert über 90. Achte auch auf ausreichende Helligkeit im Arbeitsbereich: Besser etwas heller als zu dunkel, damit die Augen weniger schnell ermüden.

Schlafzimmer Am Nachttisch eignen sich Sparlampen oder LEDs mit besonders warmem Licht (unter 2 700 Kelvin) – zur Not tut's auch eine Glühlampe. Am Kleiderschrank hilft gute Farbwiedergabe (R_a-Wert über 90) bei der Auswahl von farbiger Garderobe.

Bad Für Top-Farbwiedergabe beim Schminken vor dem Spiegel sorgen Lampen mit einem R_a-Wert über 90. Für nächtliche WC-Besuche empfiehlt sich eine separate Lampe, die nur wenig Helligkeit und warmes Licht (etwa 2 500 Kelvin) zu liefern braucht.

Küche Damit Lebensmittel und gekochte Speisen natürlich aussehen, brauchst du eine sehr gute Farbwiedergabe. Diese liefern Lampen mit warmweißem Licht und einem R_a-Wert über 90. Nutzt du die Küche kaum, reichen Halogenlampen, Hobbyköche greifen besser zu LED-Lampen. Für Arbeitsflächen kommen LED-Lampen oder LED-Leuchtstoffröhren mit neutralweißem Licht (3 300 bis 5 300 Kelvin) infrage.

Wohnzimmer Für den Hintergrund wählst du je nach Brenndauer warmweiße Sparlampen (kurz) oder LEDs (lang) mit 2 700 Kelvin. In der Leseecke oder um Akzente zu schaffen, eignen sich LEDs mit einem R_a-Wert über 90. Mit LED-Spots schaffst du Lichtlandschaften.

Flur Wo häufig geschaltet wird und Lampen sofort hell leuchten müssen, sind LEDs optimal. Sofern du keine bunten Kunstwerke ausleuchten willst, spielt die Farbwiedergabe keine besondere Rolle.

Letzter Ausweg Mobilfunk
Steigt dein Drahtlos-Netz aus, kannst du ersatzweise dein Smartphone als WLAN-Hotspot konfigurieren, solltest dann aber dein Datenvolumen nicht unnötig mit Web-Videos belasten.

HILFE, DAS WLAN SPINNT!

Das gefürchtete gelbe Dreieck mit Ausrufezeichen in der Taskleiste signalisiert dir: Du hast keine Verbindung ins Netz. Oder aber das Tempo beim Surfen, Streamen und Downloaden ist so lahm, dass es keinen Spaß macht. Das ist zwar lästig, muss aber kein großes Drama sein. Mit ein paar Handgriffen lässt sich das Problem oft beheben.

Standort Trockenbau- und Stahlbetonwände sind echte WLAN-Killer. Doch oft hast du schon einen halben Meter weiter optimalen Empfang. Versuch also mal, den Standort zu wechseln. Versorgt der WLAN-Router ein weiteres Stockwerk, ist der Empfang dort oft mehr als mau. Helfen kann ein WLAN-Repeater, der das Router-Signal verstärkt. Dafür kannst du meist auch einen älteren, ungenutzten WLAN-Router umfunktionieren. Oft lässt sich auch der Standort des Routers optimieren. Faustregel: Im Regal oder auf dem Sideboard steht er besser als im Schrank oder einer Box. Und: Je höher er steht, desto besser. Besitzt der Router externe Antennen, probier verschiedene Ausrichtungen aus.

Kollision Zahlreiche Geräte senden selbst Funkwellen aus, die mit dem WLAN kollidieren. So funken viele WLANs im 2,4-GHz-Band, wo auch Bluetooth-Signale zu finden sind. Deshalb lohnt es sich, Bluetooth an Tablet, Smartphone & Co nur bei Bedarf einzuschalten. Das spart nicht nur Akkuleistung, sondern kommt auch dem WLAN zugute. In Mehrfamilienhäusern funken zudem oft mehrere WLANs auf derselben Frequenz. Abhilfe schaffen kann dann der Wechsel auf einen weniger genutzten Kanal in den Einstellungen des Routers.

Hardware Hast du einen älteren Router, kann sich der Umstieg auf das aktuelle n- oder ac-WLAN mit Mehrantennentechnik (MIMO) lohnen. Dieses bietet den Vorteil, dass du auf das weniger überfüllte 5-GHz-Band ausweichen kannst. Nachteil: Du brauchst einen neuen WLAN-Router. Und: Die angeschlossenen Geräte müssen diesen Standard ebenfalls unterstützen.

Erste Hilfe Klappt die Anmeldung eines neuen Gerätes nicht, ist oft ein simpler Zahlendreher beim WLAN-Passwort schuld. Außerdem müssen Router und Gerät dieselbe Verschlüsselung verwenden (meist: WPA 2). Starte dann den Router neu: Netzkabel raus, 10 Sekunden warten, Netzkabel wieder rein. Oft hilft es auch, Tablet, Smartphone oder Notebook neu zu starten.

WAS KANN ICH WOMIT SEHEN?

Du hast: Smartphone, Tablet und Laptop. Du willst: Videos gucken – nicht nur die Schnipsel auf Facebook, Instagram und YouTube, sondern Serien und Filme – am besten jederzeit und ohne Zeitbegrenzung.

Online-TV ist immerhin als Basispaket meist gratis. Streamingdienste wie Netflix, Amazon Prime & Co verlangen eine Abogebühr – und kassieren zum Teil für Filme oder Serien extra. Und dann wäre noch der Rundfunkbeitrag, den jeder Haushalt zahlen muss.

Je nach Abo können Nutzer meist mehrere Streams gleichzeitig schauen. Du darfst deinen Account also teilen – doch nur mit Leuten, die in deinem Haushalt leben. Am besten liest du vorher die AGB.

Smart-TV

Was kann ich sehen? Wer sich einen Smart-TV zulegt, kann TV-Sender nicht nur über Satellit, Kabel oder Antenne empfangen, sondern auch über das Internet. Außerdem bekommst du Zugriff auf die Mediathek der Sender und kannst – ganz traditionell – einen DVD- oder BluRay-Player anschließen.

Was muss ich machen?
Verbinde deinen Fernseher per LAN-Kabel, WLAN oder Powerline mit dem Heimnetzwerk. Ist das erledigt, kannst du per Fernbedienung direkt aus dem laufenden Programm die Mediathek des jeweiligen TV-Senders aufrufen.

Fazit Für alle, die oft fernsehen und bei Bild und Ton auf Kino-Feeling setzen.

Streamingbox/-stick

Was kann ich sehen? Streamingboxen bringen Dienste wie Amazon Video, Apple TV und Chromecast auf den Fernseher. Die Inhalte beziehen sie aus dem Internet.

Was muss ich machen? Die Hersteller unterstützen vor allem eigene Angebote. Je nachdem, ob du Amazon Video, iTunes oder Google Play Store nutzen willst, kaufst du die jeweilige Box und schließt ein Abo ab. Hinzu kommen überall noch Netflix, YouTube, Vimeo und ähnliche Plattformen. Auch Online-TV über Zattoo, Magine oder TV Spielfim live funktioniert meist – kostet aber in der Regel extra.

Fazit Für Film- und Serienfans, die sich Streamingdienste auf den Fernsehbildschirm holen wollen.

Laptop

Was kann ich sehen? Über WLAN hast du kostenlosen Zugriff auf die Mediatheken der öffentlich-rechtlichen TV-Sender. Bist du Kunde bei einem Online-TV-Dienst und/oder einem Video-Streamingdienst, kannst du auch dessen Angebot per Mausklick nutzen.

Was muss ich machen? Öffne deinen Internetbrowser, rufe die Website des Anbieters auf (z. B. Zattoo.de, Netflix.de), melde dich mit deinen Zugangsdaten an – fertig. Zieh dir den Link am besten in die Lesezeichen-Symbolleiste deines Browsers.

Fazit Perfekt für Heavy User, die ihre Inhalte in jedem Zimmer schauen wollen und auf brillante Tonqualität verzichten können.

Tablet

Was kann ich sehen? Auf dem Tablet kannst du, am besten im WLAN, über die jeweiligen Apps auf dieselben Dienste zugreifen wie mit dem Laptop, also auf Mediatheken sowie Online-TV- und Streamingdienste.

Was muss ich machen? Hast du die App geladen und dich angemeldet, kann der Spaß losgehen. Vorteil: Ein Tablet ist noch mobiler als ein Laptop, lässt sich z. B. per Wandhalterung auch beim Baden, Kochen oder beim Workout auf dem Hometrainer nutzen. Auch ohne Halterung die perfekte Lösung für Sofa und Bett.

Fazit Ideal, wenn Displaygröße und Tonqualität eher egal sind. Den Sound kannst du per Kopfhörer optimieren.

Smartphone

Was kann ich sehen? Dein Smartphone kann alles, was Laptop und Tablet können. Nur ist das Bild eher winzig und für den Ton muss meist ein Ohr- oder Kopfhörer her.

Was muss ich machen? Ohne WLAN ist dein Datenvolumen schnell weg. Zusatzoptionen für Streamingfans gibt es nur zusammen mit eher teuren Laufzeitverträgen. Und wenn das Datenvolumen durchs Surfen aufgebraucht ist, funktioniert das Streamen nicht mehr. Alternative: Filme oder Folgen downloaden und regelmäßig löschen.

Fazit Für Hardcorefans, die auch unterwegs nicht ohne ein paar Folgen der Lieblingsserie auskommen – ein stabiles Breitband-Internet vorausgesetzt.

WÄRMESTAU?

AUF DEM BODEN SCHLAFEN? Schon irgendwie cool, doch ständig warnt einen irgendwer vor Rückenschäden, Feuchtigkeit und Schimmel.

Im Gegensatz zu Matratzen aus Latex oder Visco-Schaum sind Modelle aus PU-Weichschaum oder Kaltschaum aufgrund ihrer **OFFENPORIGEN** Inlets deutlich weniger anfällig für Schimmelbildung.

Willst du beim Schlafen ein wenig bequemer liegen und deine Matratze zusätzlich von unten belüften, kannst du auch einen **LATTENROST** direkt auf den Boden legen.

OB AUS GELDMANGEL, alter Gewohnheit oder innerer Überzeugung – die Matratze einfach so auf den Boden zu packen, ist unkompliziert und ziemlich lässig. Allerdings schwitzt du pro Nacht mindestens einen halben Liter aus, der auf diese Weise kaum verdunsten kann. Fakt ist: Feuchtigkeit begünstigt Schimmel und zieht Milben an. Willst du partout auf dem Boden schlafen, solltest du morgens die Decke aufhängen oder wenigstens zurückschlagen und die Matratze alle paar Tage mehrere Stunden ans Fenster oder vor die Heizung stellen.

LUFTZIRKULATION!

EIN BETT MARKE EIGENBAU ist immer ein Unikat. Du sparst viel Geld und hast das Schimmelproblem gelöst, bevor es entsteht.

Optional kannst du zwei weitere Paletten kaufen, die du der Länge nach hochkant am Kopfende befestigst. So entsteht ein **KOPFTEIL** mit Mini-Regalen, die sich nett dekorieren lassen.

Willst du dein Palettenbett **GUT GEFEDERT** haben, entferne die innen liegenden Füße der Paletten, sodass diese nur am umlaufenden Rand übrig bleiben.

EIN PALETTENBETT IST einfach zu bauen und unschlagbar günstig. Für die Luxusversion besorgst du dir fünf Europaletten (im Internet ca. 15 Euro pro Stück). Schleif sie ab und lackier sie mit einer Lasur. Nach dem Trocknen legst du zwei Paletten an der längeren Seite (Fußende) und zwei an der kürzeren Seite (Kopfende mit Ablagen) zusammen. Verschraub die Paletten, leg die Matratze darauf und säg von der kurzen Seite von Palette fünf zwei Stücke ab, die du zum Fixieren der Matratze seitlich aufs Kopfteil schraubst. Lack drauf – fertig!

Rechteckig, praktisch, gut

Oben rechts siehst du, was du an
Werkzeug und Material benötigst.
Erst baust du den Rahmen, dann
bohrst du die Löcher und schließlich
befestigst du die Latten
auf dem Rahmen.

LATTENROST MARKE „DIY"

Ende 2015 testete die Stiftung Warentest zehn Lattenroste zwischen 12 und 1 060 Euro. Fazit: Keiner war besser als eine Spanplatte. Unsere Prüfer griffen deshalb zu Werkzeug und Brettern und bauten selbst einen Lattenrost – der prompt den Test gewann. Mit dieser Anleitung kannst du das auch. Materialkosten: 35 Euro.

1 Werkzeug besorgen Du brauchst: eine Bohrmaschine, eine Stichsäge mit Holzblatt oder eine Handsäge, Holzbohrer mit 4, 6, 10 und 12 Millimetern, außerdem Holzleim, einen Gummihammer, einen Akkuschrauber oder Schraubendreher, Schleifpapier mit Körnung 80, Zollstock, Winkel, Lineal und Bleistift.

2 Hölzer zusägen Für ein Standardbett sollte der Rost 89,5 x 198 Zentimeter messen. Lass dir dafür im Baumarkt aus Fichten- oder Tannenholz zwei Rahmenhölzer mit den Maßen 198 x 5,4 x 3,4 Zentimeter (L x B x H), zwei Rahmenhölzer mit der Länge 78,7 Zentimeter sowie 14 Glattkantbretter mit den Maßen 88 x 8 x 1,8 Zentimeter zuschneiden – jeweils gehobelt und gefast.

3 Rahmen bauen An den Stirnseiten der zwei kurzen Rahmenhölzer und den Innenseiten an den Enden der langen Rahmenhölzer bringst du Vorbohrungen für die Schrauben und Löcher für die Holzdübel an (Details siehe Video unter www.test.de/ lattenrost- bauen). Verbinde jetzt die Hölzer mit je einem Holzdübel (1 x 4 Zentimeter) und je einer Holzschraube mit Senkkopf (0,5 x 8 Zentimeter) zu einem Rahmen.

4 Löcher bohren Bohr in die Längsseiten des Rahmens von oben nebeneinander jeweils 14 genau 2 Zentimeter tiefe Dübellöcher (Ø =1,2 cm) sowie jeweils eines mittig in die beiden Enden jeder Latte. Platziere die Bohrungen auf dem Rahmen so, dass zwischen den Latten je 6 Zentimeter Abstand bleibt.

5 Latten anbringen Leg die Latten im nächsten Schritt so auf den Rahmen, dass sich ihre Löcher genau über den Löchern in den Rahmenhölzern befinden. Befestige dann jede Latte oben und unten mit einem Holzdübel (0,8 x 4 Zentimeter) auf dem Rahmen. Die Latten sind so nur lose fixiert, geben dadurch besser nach und lassen sich leichter austauschen.

6 Filzgleiter aufkleben Auf die Unterseite des Lattenrostes klebst du handelsübliche Filzgleiter. So kann er nicht auf dem Bettgestell scheuern oder knarren.

DIE PERFEKTE MATRATZE

Sie soll dir erholsamen Schlaf schenken und nicht teuer sein – deshalb lohnt es sich, in den Matratzenkauf etwas Zeit zu investieren. Schließlich wirst du auf ihr viel Zeit verbringen. Doch eine Wissenschaft, wie oft suggeriert wird, ist das Ganze nicht – sonst hätten Online-Start-ups nicht mit Einheitsmatratzen die Branche aufmischen können. By the way: Was ist an denen dran?

1. „Bett 1" noch immer spitze

Sie heißen Casper, Eve, Muun, Emma und Bruno und versprechen das Blaue vom Himmel. Angeblich liegt jeder gleich gut auf ihnen – egal, wie groß und schwer er ist, egal, ob Rücken- oder Seitenschläfer. Tatsächlich adelte die Stiftung Warentest 2015 die Bodyguard von Bett 1 als beste je getestete Matratze (199 Euro). Von fünf bislang getesteten „Nachahmern" erreichte nur die Smood von home24 ein halbwegs vergleichbares Ergebnis. Der Rest eignet sich vor allem für kleine, leichte Personen.

2. Neuer Test: Endlich Konkurrenz!

Dafür glänzten in unserem letzten Test im Frühjahr 2018 zwei weitere Matratzen mit guten Eigenschaften für alle Körpertypen. Eine davon, die Latexmatratze Selecta L 4, ist nach wie vor im Handel erhältlich, kostet allerdings 600 Euro. Eine günstige, wenn auch weniger vielseitige Alternative ist die Kaltschaummatratze IKEA Morgedal für 149 Euro. Falls es dich interessiert – auf test.de/matratzen findest du gegen eine geringe Gebühr alle Ergebnisse.

3. Geeigneten Matratzentyp wählen

Jeder Matratzentyp hat Vor- und Nachteile. So transportieren Federkernmatratzen den Schweiß gut ab, sind aber relativ schwer und halten kaum warm. Dagegen sind Latexmatratzen stützend, häufig weich, wegen der hohen Wärmedämmung gut für „Frostbeulen" geeignet, aber teuer. Für starke Schwitzer ungeeignet sind Kalt- und Viskoseschaummatratzen: Sie sind elastisch, wärmedämmend, aber eher etwas für schwere Schläfer – und nicht eben günstig.

4. „Königsklasse" mit Macken

Sperrig, schwer und ebenfalls teuer sind Boxspringbetten: Auf ihrem Unterbau liegt meist eine Federkern- und auf dieser eine Schaumstoffmatratze. Manche Betten bieten recht gute Liegeeigenschaften, dafür ist die Luftzirkulation eingeschränkt. Die Höhe von 60 bis 70 Zentimetern erleichtert das Hinlegen und Aufstehen – doch das ist für dich sicherlich kein Kriterium.

CHECKLISTE „MATRATZE"

1 Informieren Was für eine Matratze ist die richtige für dich? Das hängt neben dem Inhalt deines Geldbeutel auch von Körperform und Schlafgewohnheiten ab. Dafür gibt es zwar keine speziellen Matratzen – doch die Tests der Stiftung Warentest bieten hier eine gute Hilfestellung. Wir prüfen Matratzen mit Personen mit unterschiedlichen Körperformen – in Seiten- und Rückenlage. So gibt es am Ende acht Testurteile bei den Liegeeigenschaften (test.de/matratzen).

2 Ausprobieren Gleiche unsere Testergebnisse mit deinen Anforderungen ab. Schau dir die empfohlenen Matratzen genau an und kaufe auf keinen Fall zu schnell. Geh in ein paar Geschäfte, liege auf ein paar Matratzen Probe und erkunde die Preise.

Lass dich nicht von Tiefstpreisen unter Druck setzen, die angeblich nur noch kurze Zeit gelten. Faustregel: Je schwerer du bist, desto eher kommt für dich eine harte Matratze infrage.

3 Details prüfen Hast du eine Matratze gefunden, die für dich infrage kommt, schau nach, ob sie über einen waschbaren Bezug sowie stabile und ausreichend große Tragegriffe verfügt. Die brauchst du auch nach dem Kauf noch, um die Matratze zu wenden oder zum Lüften aufzurichten. Falls du allergisch gegen Milben bist, frag gleich nach einem passenden Bezug („Encasing").

4 In Ruhe testen Teste die Matratze am besten zu Hause. Vereinbare dazu ein Rückgaberecht. Dieses beträgt in der Regel zwischen 7 und 30 Tagen. Die Verpackungsfolie muss dann jedoch erst mal dranbleiben. Gut zu wissen:

Online-Anbieter räumen Käufern statt der gesetzlich vorgeschriebenen 14 meist bis zu 100 Tage ein, auch ohne die lästige Folie.

Online-Kauf Bestellst du die Matratze im Internet, kaufst du die Katze im Sack. Nutze dann die Rückgabefrist aus – und teste einfach nach dem Kauf. Um dir einen Fehlkauf zu ersparen, bezieh auch dabei unsere Tests in die Auswahl ein.

Luftzirkulation Mit einem guten Lattenrost brauchst du keinen Matratzenschoner. Dieser erschwert – genau wie eine Auflage – die Abgabe von Feuchtigkeit. Apropos: Die Unterlage muss nicht federn. Ein starrer Lattenrost reicht aus.

Pflege Wende die Matratze bei jedem Wechsel der Bettwäsche. Lass sie tagsüber unbedeckt auslüften. Wasche den Matratzenbezug etwa alle drei Monate.

MIT CHEMIE?

ORDENTLICH ROHRREINIGER REINSCHÜTTEN – und das ungewollte morgendliche Fußbad in der Dusche hat ein Ende? Eher im Gegenteil.

Vorsicht! Wer Reinigungsschaum auf Chlorbasis verwendet und mit Essigreiniger nachhilft, produziert **GIFTIGE GASE**, die die Gesundheit schädigen können.

Umwelt- und gesundheitsfreundlicher sind **BIOLOGISCHE ROHRREINIGER** auf Enzymbasis. Sie belasten das Abwasser nicht, benötigen jedoch deutlich mehr Zeit zum Einwirken.

OB ALS GEL, SCHAUM ODER GRANULAT: Chemische Rohrreiniger werden als Wundermittel beworben. Regelmäßig angewendet, säubern sie angeblich jeden Abfluss im Handumdrehen, werden spielend mit Fett, Haaren und Ablagerungen an den Rohren fertig. Abgesehen davon, dass solche Versprechen zum Teil maßlos übertrieben sind, gelangen auf diese Weise jede Menge schädliche Substanzen ins Abwasser. Zudem warnen Installateure vor verklumpten Granulatresten, die deine Abflussrohre auf Dauer erst recht verstopfen könnten.

MIT SCHMACKES!

HOL DEN PÜMPEL RAUS, heißt das Gebot der Stunde. Mit Muskelkraft und der richtigen Technik bekommst du jeden Abfluss frei.

Wenn du die Saugglocke **REGELMÄSSIG** verwendest – also auch ohne spürbare Verstopfungen – ersparst du dir spätere Gewaltaktionen.

Vorbeugend gegen Fettablagerungen hilft **HEISSES WASSER**. Lass das Spülbecken in der Küche einmal pro Woche volllaufen und ziehe dann einfach den Stöpsel.

EINE SAUGGLOCKE bekommst Du für ein paar Euro in jedem Baumarkt. Bevor du damit loslegst, verstopfst du den Überlauf des Waschbeckens mit einem Lappen – in Badewanne und Dusche gibt es meist keinen. Setz dann den „Pümpel" auf den Abfluss und lass Wasser ein – bis er damit bedeckt ist. Kipp die Glocke dann einmal leicht an, sodass etwas Wasser in den Abfluss läuft und pump dann, was das Zeug hält! Auch wenn es eklig ist – herausgesaugte Haarklumpen entfernst du am besten per Hand aus Becken oder Wanne.

SCHRITT FÜR SCHRITT: ABFLUSS REINIGEN

1. Wasser ausschöpfen Das im Waschbecken stehende Wasser schöpfst du mit einem Becher so weit wie möglich in einen Eimer, damit es dich beim Reinigen nicht behindert.

2. Stöpsel entfernen Oft setzen sich Haare und Schmutz an der Exzenterstange des Stöpsels im Ablaufrohr fest. Die Siphonbürste beim Reinigen auf- und abbewegen und auch drehen.

3. Überlauf abdichten Bevor du die Saugglocke verwendest, dichtest du die Überlauföffnung des Waschbeckens mit einem Stück Kreppband oder einem feuchten Lappen ab.

4. Saugglocke verwenden Dann setzt du den Pümpel fest auf den Abfluss, bedeckst die Glocke mit Wasser und versuchst, Ablagerungen durch kräftiges, stoßweises Pumpen zu entfernen.

5. **Siphon lösen** Lös die Rändelmutter des Siphons per Hand oder mit einer Rohrzange, deren Backen du mit einem Tuch schützt. Drück das Rohr nach unten, bis es sich herausziehen lässt.

6. **Rohrstück leeren** Schütte den Inhalt des Bogenstücks in den bereitstehenden Eimer. Lös dann die hintere Rändelmutter des Siphons und zieh das Bogenstück aus dem Wandanschluss.

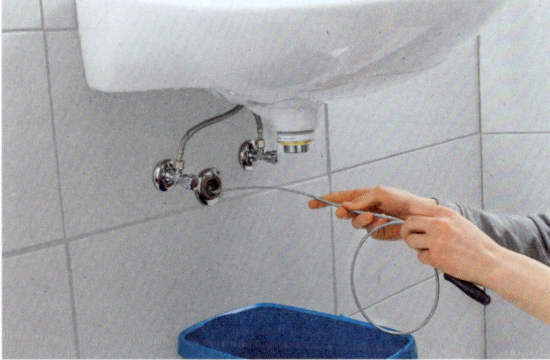

7. **Einzelteile säubern** Reinige die Rohrstücke mit der Siphonbürste und spül die Dichtungsringe unter fließendem Wasser ab. Sind sie porös oder kaputt, dann tausch sie gegen neue aus.

8. **Abflussrohr reinigen** Liegt die Ursache der Verstopfung im Abflussrohr hinter dem Siphon, schieb eine Reinigungsspirale so weit es geht ins Rohr und dreh den Endgriff im Uhrzeigersinn.

PROBLEME SELBST LÖSEN

Das eine oder andere Malheur im Haushalt lässt sich kaum vermeiden. Mal steht an der Kühlkombi die Tür des Gefrierteils offen, dann wieder kocht die Milch über. Die Pfütze im Kühlschrank begegnet den meisten ohnehin in schöner Regelmäßigkeit.

In derart leichten Fällen musst du weder die Hausverwaltung informieren noch einen Handwerker kommen lassen. Vieles schaffst du ganz allein.

Und falls nicht: Es gibt kaum ein Haushaltsproblem, das sich nicht mithilfe des Internets sekundenschnell klären ließe.

Pfütze im Kühlschrank

Was ist passiert? Auf dem Boden deines Kühlschranks steht eine Wasserpfütze? Dass sich im Kühlschrank Kondenswasser bildet, ist ganz normal. Dieses wird in einer Rinne gesammelt und läuft durch ein Ablaufloch in den Sammelbehälter auf der Rückseite, wo es durch die Wärme des Kompressors verdunstet. Dieses Loch ist wahrscheinlich verstopft.

Was ist zu tun? Durchstoße mit einem Wattetupfer oder Pfeifenputzer vorsichtig das Loch in der Mitte der Ablaufrinne. Diese befindet sich an der Rückwand im Inneren des Kühlschranks.

Extra-Tipp Verstopft gröberer Dreck den Ablauf, dann kratz ihn vorsichtig mit einem Zahnstocher heraus.

Gefrierfach vereist

Was ist passiert? Du öffnest das Gefrierfach oder Gefrierteil des Kühlschranks und siehst dicke Eisschichten. Das kostet Stauraum und Strom. Meist stand die Tür längere Zeit offen oder die Türdichtung ist kaputt.

Was ist zu tun? Lässt sich das Gefrierfach nicht vom Netz trennen, musst du den ganzen Kühlschrank ausschalten. Die Lebensmittel packst du in eine Kühltasche mit Akkus. Dann stellst du eine Schüssel heißes Wasser ins Gefrierfach und legst Handtücher davor, um das Tauwasser aufzufangen.

Extra-Tipp Moderne Geräte mit Abtauautomatik oder No-Frost-Funktion vereisen zwar nicht, sollten aber regelmäßig gereinigt werden.

Milch übergelaufen

Was ist passiert? Dir ist auf dem Glaskeramik-Kochfeld Milch oder Nudelwasser übergelaufen? Wenn du richtig reagierst, kannst du ein Einbrennen verhindern.

Was ist zu tun? Ziehe den Topf nicht ruckartig weg. So verschmierst du die Rückstände über die heiße Herdplatte. Wische mit einem feuchten Lappen vorsichtig um den Topf herum. Nach dem Auskühlen entfernst du grobe oder bereits eingebrannte Reste mit einem Kochfeldschaber. Dann behandelst du die Stelle mit Neutralreiniger, Spülmittel oder einem Spezialreiniger.

Extra-Tipp Sind noch eingebrannte Reste auf dem Kochfeld, ist es für die weitere Benutzung tabu.

Armaturen verkalkt

Was ist passiert? Die Armaturen am Waschbecken und in der Dusche sind das Gegenteil von blitzblank? Eine Kalkschicht an der Duschwand widersetzt sich deinen Putzversuchen?

Was ist zu tun? Wer Reste nicht nach jeder Benutzung abspült und die Armatur mit einem Lappen, die Duschwand mit einem Abzieher trocknet, muss mit einem Scheuermittel anrücken. Verkrustungen lassen sich mit Essigreiniger auflösen

Extra-Tipp Reiniger, die Ameisen- oder Salzsäure enthalten, können Armaturen beschädigen. Sprühe auch andere Mittel nie direkt auf die Armatur. Der Sprühnebel könnte den Messingkern beschädigen.

Duschvorhang schimmelt

Was ist passiert? Auf dem Duschvorhang zeigen sich schon nach kurzer Zeit schwarze Stockflecken – die Vorstufe von Schimmel. Grund ist meist, dass er nicht richtig trocknen kann, weil er in Falten hängt oder am Wannenrand klebt. Die wenigsten entfernen zudem Seifen- und Schmutzreste – ein idealer Nährboden.

Was ist zu tun? Mit Isopropylalkohol und Brennspiritus bekommst du Stockflecken wieder weg. Zweite Möglichkeit: Du kaufst einen neuen Vorhang.

Extra-Tipp Streif nach dem Duschen mit der Hand möglichst viel Wasser ab, lass den Vorhang zugezogen trocknen und reinige ihn regelmäßig gründlich.

ZWISCHENLAGER?

IM UMZUGSKARTON SIND SACHEN perfekt verstaut. Was man nicht sofort braucht, wandert in den Keller – und setzt Patina an.

Lagere Bücher und Aktenordner im Keller nicht in Kartons, sondern besorg dir **REGALE** aus Metall und stell diese möglichst nicht an die kalte Außenwand.

Stell Pappkartons nie auf den Boden und vergewissere dich regelmäßig, dass **FEUCHTIGKEIT**, Schimmel oder Ungeziefer den Inhalt nicht beschädigt haben.

ECHTE UMZUGSPROFIS WISSEN: Was zehn Tage nach dem Einzug noch in Kartons schlummert, kann eigentlich weg. Du hebst die Sachen natürlich trotzdem auf, denn man weiß ja nie. Damit deine „Kartonleichen" dir kein schlechtes Gewissen bereiten, räumst du sie in den Keller oder auf den Speicher. Da stehen sie dann und geraten schleichend in Vergessenheit: Zuerst wirst du dir bei ihrem Anblick jedes Mal vornehmen, sie auszupacken. Nach etwa zwei Jahren hast du vergessen, was drin ist – bis du sie irgendwann gar nicht mehr siehst.

AUSMISTEN!

BEFREIE DICH VON BALLAST, statt sinnlos Dinge anzuhäufen. Sich selbst zu begrenzen, ist keine Idee, sondern eine Haltung.

Gebrauchte Umzugskartons kannst du meist problemlos über das Internet **VERKAUFEN**. Heb eventuell ein paar davon auf, falls du mal Sachen für einen Flohmarktstand sammeln willst.

Fehlt dir zum **AUFBEWAHREN** von Büchern noch das richtige Regal oder musst du erst noch einen Kleiderschrank kaufen, pack die Sachen trotzdem aus den Kartons aus – das erhöht den Druck.

WIE GUT, DASS ES zum Ausmisten nie zu spät ist. Der richtige Augenblick ist jetzt. Bevor du dir also den ohnehin knappen Platz im Kellerverschlag mit Kartonstapeln verbaust, gib dir den ultimativen Ruck: Entsorge verstaubte Studienordner, angeschlagene Porzellantassen, deine CD-Sammlung und die alten Kuscheltiere – okay: wenigstens ein paar davon. Letzte Ausfahrt Flohmarkt, Wertstoffhof oder Mülltonne. Wirf bei der Gelegenheit noch mal einen Blick in den Kleiderschrank. Motto: Was du ein Jahr nicht anhattest, wirst du nie wieder tragen.

Der Umzug ist geschafft, die Kartons sind ausgepackt und das Internet funktioniert. Was dir noch fehlt, sind ein paar Möbel, Zimmerpflanzen – aber auch das Gefühl, in deiner Wohnung angekommen zu sein. Um auf andere Gedanken zu kommen, bringst du deine vier Wände auf Hochglanz und System in deine Unterlagen. Das schafft Ordnung im Kopf – und ein gutes Gefühl.

EINRICHTEN, EINLEBEN, WOHLFÜHLEN

VERTRAUTES HILFT BEIM EINLEBEN

Nach dem ganzen Umzugsstress wäre jetzt die ideale Zeit für ein paar Wochen Urlaub. Leider kollidiert dieser Wunsch meist heftig mit der Realität. Entweder beginnen Ausbildung oder Studiensemester oder du musst pünktlich den neuen Job antreten. Und finanziell sieht es gerade auch nicht so rosig aus. Doch eine unfertige Wohnung hat so ein unangenehm provisorisches Flair. Was soll's: Dann machst du es dir eben zu Hause schön – auch wenn das schon wieder Arbeit bedeutet. Also: Mach dich bald mal auf die Socken, um die letzten fehlenden Möbel zu besorgen, oder klick dich durch die Angebote im Netz. Du musst ja nicht alles neu kaufen.

1. Gebraucht ist das neue Neu

Apropos: Im Prinzip kannst du alles secondhand besorgen. Du sparst eine Menge Geld und hast das gute Gefühl, dich dem Konsumwahn zumindest etwas zu verweigern. Secondhandklamotten sind außerdem gut für die Haut, weil ein Großteil der ursprünglich enthaltenen Schadstoffe und Umweltgifte bereits herausgewaschen wurde. Auch Bücher, Bilder und Geschirr bekommst du aus zweiter Hand. Nur bei Haushaltsgeräten und Computern machen dir Stromverbrauch oder Prozessorleistung wahrscheinlich einen Strich durch die Rechnung. Du stöberst nicht so gern in Secondhandläden? Kein Problem, gibt's alles auch online bei Ebay Kleinanzeigen, Fairmondo, Upub oder Shpock.

2. Einfach weniger wegwerfen

Eine eigene Wohnung zu haben, gibt dir die Chance, deine Überzeugungen in die Tat umzusetzen. Wofür du jetzt eine Menge tun kannst ist: die Umwelt. Wie wäre es mit weniger Müll? Bevor du über Unverpackt-Märkte und Zero Waste nachdenkst, versuch doch einfach, weniger Lebensmittel wegzuwerfen. Kipp Produkte mit abgelaufenem Haltbarkeitsdatum nicht einfach in die Mülltonne, sondern schaue, rieche und schmecke, ob sie noch genießbar sind. Ausnahmen sind Fisch, Fleisch und Co – die haben ein fixes Verbrauchsdatum! Kaputte Schuhe und Kleidung bringst du zum Schuster oder Änderungsschneider. Selbst Elektrogeräte sind keine hoffnungslosen Fälle: Ist die Ladebuchse des Handys kaputt oder streikt der DVD-Player, dann informier dich, ob es in deiner Nähe ein Repair Café gibt. Hier bekommen Laien von Experten kostenlose Hilfe beim Reparieren.

3. Crashkurs: Wäsche waschen

Hausarbeit verrichten – klingt old-fashioned, doch genau das hast du von jetzt an am Bein. Relativ viel falsch machen kannst du beim Wäschewaschen. Hier ein Mini-Crashkurs. Erstens: Schau aufs Textiletikett und beachte die empfohlene Waschtemperatur. Zweitens: Sortier die Wäsche nach Farben: ein Haufen weiß, ein Haufen dunkelbunt, ein Haufen hellbunt. Drittens: Kauf ein Vollwaschmittel für Weißes – am besten in Pulverform –, ein Colorwaschmittel für Buntes und ein Wollwaschmittel. Viertens: Checke, wie die Waschmaschine bedient wird. Für den Anfang genügen Bunt- und Kochwäsche, Feinwäsche sowie Woll- und Eco-Programm. Beim Schleudern gilt: Je höher die Drehzahl desto trockener die Wäsche. Allerdings knittert die Kleidung stärker und du musst mehr bügeln. Empfindliche Stoffe schleuderst du besser nicht mit 1200, sondern nur mit 600 Umdrehungen. Soll die Wäsche dagegen ohnehin in den Trockner, kannst du sie vorher kräftig schleudern.

4. Alles in Ordnung? Klar doch!

Zu Hause sein – das setzt neben Vertrautheit und Geborgenheit auch das Gefühl voraus, sicher zu sein, alles im Griff zu haben.

Schon sind wir beim Begriff „Ordnung", für viele das Gegenteil von Kreativität und Spontaneität. Stimmt aber nicht. Ordnung ist das Gegenteil von Chaos und meint nicht nur die hässlichen Aktenordner im Regal, die spießig gestapelte Wäsche im Schrank und das penibel sortierte Besteck in der Schublade. Wer alles im Griff haben und ruhig schlafen will, sollte vor allem den Überblick über Termine und Finanzen behalten – oder ihn sich erst einmal verschaffen. Beispiel Geld: Was kommt jeden Monat rein, was geht automatisch weg, was bleibt übrig? Überwache dich eine Zeit lang selbst – du wirst staunen und endlich kapieren, wohin dein Geld verschwindet.

5. Zu Hause sein ist ein Gefühl

Auch wenn du nach ein paar Wochen noch immer fremd in der Wohnung, der Stadt, der Region bist und dich das Heimweh plagt – die Krise dauert nicht ewig. Sie endet umso eher, je schneller du für dich bestimmst: Hier bin ich jetzt zu Hause. Punkt. Kluge Menschen sagen: Heimat ist kein Ort – Heimat ist ein Gefühl. Beim Ankommen können dir von früher her vertraute und lieb gewonnene Gegenstände und Rituale helfen: die angeschlagene Lieblingstasse für den Morgenkaffee oder die Yogaübungen auf der Matte von der Indienreise. Du musst dazu gar nicht viel besitzen, aber es sollte ein paar Dinge geben, zu denen du eine innere Verbindung hast.

Vier Beine, zweite Hand
Auch Secondhandläden bieten Möbel günstig an. Gibt es in deiner Stadt eine Sperrmüllabfuhr und stellen Leute dafür Möbel auf die Straße, darfst du dich auch dort bedienen.

COOLE MÖBEL FÜR WENIG GELD

Schritt für Schritt oder lieber alles auf einmal? Wie schnell man sich einrichten sollte, ist letztlich Geschmackssache. Gehörst du zu den Menschen, die nicht gern in einer halbleeren Wohnung hausen, dann brauchst du bald ein paar Möbel. Wenn du dich nicht in Umkosten stürzen willst, lohnt es, günstige Alternativen zu checken.

Freunde und Familie Eltern, Geschwister, Freunde oder Kollegen – irgendwer hat immer ein paar ausrangierte Stühle, einen überzähligen Tisch oder eine alte Kommode herumstehen. Alles, was du tun musst: einen Transporter mieten und die Sachen abholen. Ob leihweise, geschenkt oder für ein paar Euro – du hast erst einmal was und der Spender freut sich über mehr Platz im Haus.

Tauschring Einen Tisch für umsonst bekommen, dafür im Gegenzug einmal pro Woche mit dem Hund des Spenders Gassi gehen? So funktioniert ein Tauschring. Das Richtige für alle, die Begegnungen suchen und Zeit und Lust haben, andere mit ihren Fähigkeiten wie Gärtnern, Musizieren oder Babysitten zu beglücken.

Flohmarkt Auf vielen Flohmärkten gibt es gebrauchte Möbel. Wer die Augen aufmacht und gut verhandelt, holt sich hier zum Schnäppchenpreis antiken Charme in die Wohnung. Schon ein gerahmter Wandspiegel oder ein paar Knäufe aus Porzellan sind echte Hingucker. Wer weiß, wie man Holzmöbel selbst abschleift und neu lackiert, kann den Wow-Effekt noch steigern.

Fabrikverkauf Im Internet findest du Adressen und Angebote von Möbelherstellern, die direkt ab Werk verkaufen. Informier dich über Angebot und Preise, bevor du hinfährst. Vor allem Designermöbel sind auch im Outlet noch irre teuer.

Online-Outlet Staus bei der Anfahrt, lästiges Parkplatzsuchen und Probleme beim Verladen ersparst du dir, wenn du Möbel im Internet kaufst. Nachteil: Du siehst sie erst nach der Lieferung. Zudem können die Lieferkosten jede Ersparnis zunichte machen. Erkundige dich deshalb vorher unbedingt nach den Liefer- und Rückgabemodalitäten. Auf Ebay Kleinanzeigen und in Nachbarschaftsportalen werden übrigens viele Möbel sogar verschenkt.

Möbelhaus Die volle Dosis Stress gibst du dir im Möbelhaus – vor allem samstags. Dafür kaufst du dort nicht die Katze im Sack und profitierst von Rabatten und Sonderaktionen. Willst du Möbel liefern oder aufbauen lassen, achte unbedingt auf die Zusatzkosten.

GELD SPAREN?

EINE GEBRAUCHTE WASCHMASCHINE KAUFEN – klingt nachhaltig und ist unschlagbar günstig. Teuer kann es trotzdem werden.

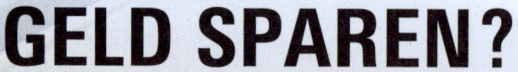

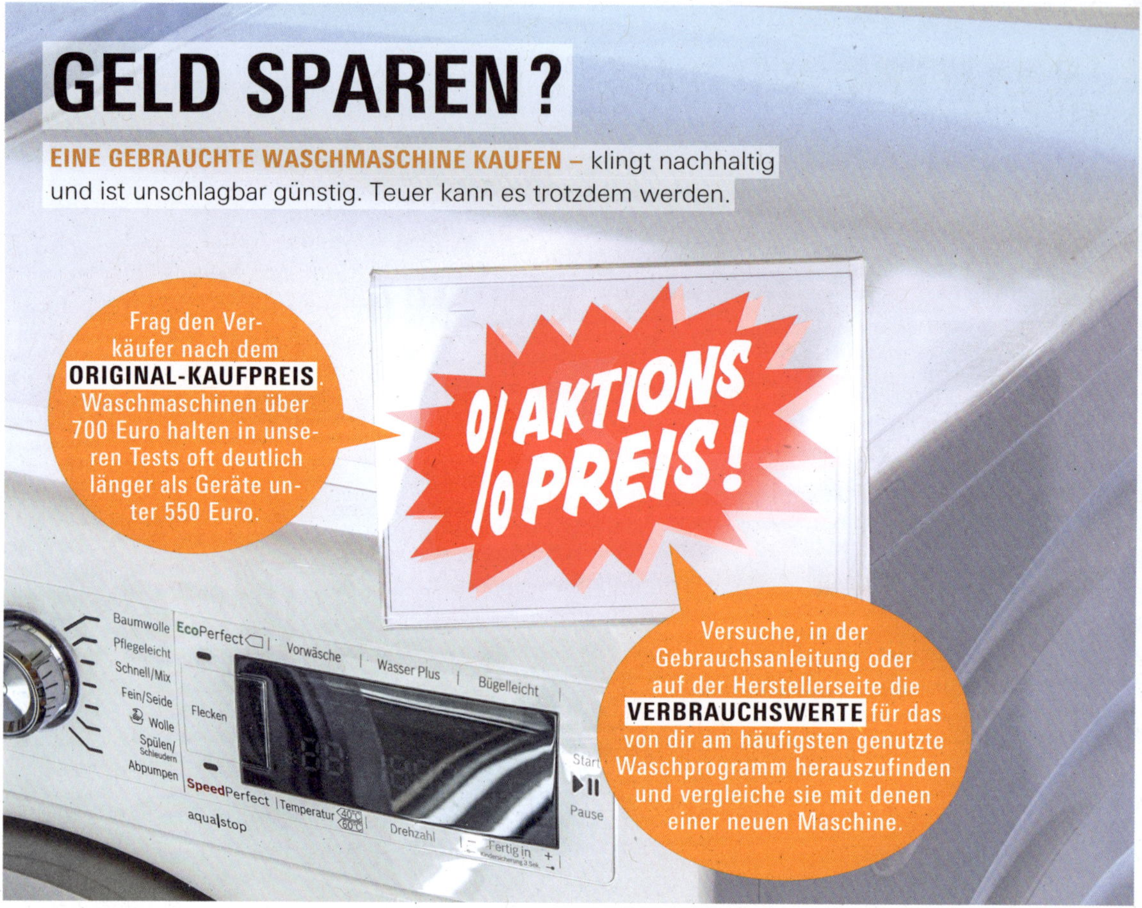
Frag den Verkäufer nach dem **ORIGINAL-KAUFPREIS**. Waschmaschinen über 700 Euro halten in unseren Tests oft deutlich länger als Geräte unter 550 Euro.
% AKTIONS PREIS!
Versuche, in der Gebrauchsanleitung oder auf der Herstellerseite die **VERBRAUCHSWERTE** für das von dir am häufigsten genutzte Waschprogramm herauszufinden und vergleiche sie mit denen einer neuen Maschine.
Baumwolle
EcoPerfect
Pflegeleicht
Schnell/Mix
Fein/Seide
Wolle
Spülen/Schleudern
Abpumpen
Vorwäsche
Wasser Plus
Bügelleicht
Flecken
SpeedPerfect
Temperatur
Drehzahl
Fertig in
Start
Pause
aqua|stop

AUF DER AUKTIONSPLATTFORM zum Schnäppchenpreis, im Nachbarschaftsportal zum Nulltarif – eine gebrauchte Waschmaschine günstig zu bekommen, ist relativ easy. Und dann? – Zahlst du mit jeder Trommelladung drauf, sodass die Ersparnis bald dahin ist. Faustregel: Je mehr Jahre die Maschine auf dem Buckel hat, desto höher ihr Verbrauch an Strom und Wasser. Außerdem steigt mit der Lebensdauer das Risiko, dass Heizstab, Pumpe oder Platine aussteigen und du Geld in Ersatzteile investieren musst – wenn es überhaupt noch welche gibt.

STROM SPAREN!

AUF LANGE SICHT GÜNSTIGER ist ein Neukauf – doch nur, wenn die Maschine sparsam wäscht. Das EU-Energielabel hilft dir bei der Auswahl.

Wenn du die Trommel nicht bis zum Rand vollstopfst, entstehen beim Waschen weniger Knitter. Nutz dann aber Sparprogramme und die **MENGENAUTOMATIK** für weniger Verbrauch.

Große Waschmaschinen sind grundsätzlich genauso **EFFIZIENT** wie kleine. Für ein bis zwei Personen im Haushalt sollte die Trommel eine Füllmenge von 5 bis 6 Kilogramm haben.

A+++ IST HIER KEIN FIRMENRATING, sondern das EU-Label für Waschmaschinen der höchsten Energieeffizienzklasse. Zugeteilt wird das Label anhand des Verbrauchs einer Waschladung bei 60 Grad im Eco-Programm. Doch bei diesem heizt die Maschine die Waschlauge gar nicht bis auf 60 Grad auf, wäscht dafür deutlich länger und verbraucht deshalb unterm Strich weniger Strom. Anders formuliert: Das Energielabel vermittelt lediglich eine grobe Orientierung. Ob eine Maschine wirklich sparsam wäscht, hängt davon ab, wie du sie nutzt.

WAS MUSS ICH AUSGEBEN, WAS KANN ICH AUSGEBEN?

Egal, ob als Angestellter, Freiberufler oder Azubi – die meisten Berufsanfänger haben ein sehr begrenztes Monatsbudget zur Verfügung. Auch wenn Eltern oder Großeltern etwas drauflegen – damit das Geld bis zum Monatsende reicht, sind Disziplin und Kreativität gefragt. Mal abgesehen davon, dass man irgendwann gern für ein neues Auto, eine große Reise, den Traum vom eigenen Haus oder die Altersvorsorge sparen würde. Mit den folgenden Tipps kommst du deinen Zielen ein Stück näher – und lernst, dir dein Geld richtig einzuteilen.

TIPP 1: Ermittle dein Budget

Wie viel Geld du jeden Monat ausgeben kannst, lässt sich ziemlich leicht ausrechnen. Werfen wir zuerst einen Blick auf deine Einnahmen. Rechne alles zusammen, was monatlich auf deinem Konto eingeht: Das kann dein Lohn oder Gehalt sein oder ein Stipendium. Bekommst du Honorare in wechselnder Höhe, schätzt du die Einnahmen anhand des Vorjahres und teilst sie durch zwölf. Eine etwaige Erbschaft oder die erhoffte Steuererstattung lassen wir raus, da sie nicht vorhersehbar sind. Von den Einnahmen ziehst du alle Fixkosten ab: Warmmiete, Strom und Gas, Internet und Handy, Umweltticket, Sportverein etc. Jährliche Ausgaben, etwa für Versicherungen oder Kfz-Steuer, rechnest du auf den Monat um. Unterm Strich steht schließlich dein Budget: So viel kannst du ausgeben.

Extra-Tipp: Du musst die Rechnung nicht mit Bleistift auf Papier oder am Rechner in Excel machen. Es gibt zahlreiche Budgetplaner-Apps für Smartphone und Tablet, zum Beispiel Ausgaben Manager Tracker, Money Manager, Mein Budget und Easy Home Finance.

TIPP 2: Führe Buch über Ausgaben

Jetzt notierst du, was du im Monat tatsächlich auf den Kopf haust. Täglich oder zumindest alle paar Tage jede Ausgabe zu notieren, ist zwar anstrengend, aber äußerst aufschlussreich. Bei der Arbeit helfen dir Kassenbons, ec-Belege und Kontoauszüge. Wenn du willst, kannst du die Ausgaben nach Rubriken staffeln, zum Beispiel: Lebensmittel, Freizeit, Mobilität. Dann setzt du dich hin und markierst bei jeder Ausgabe, ob sie ein „Muss" oder ein „Kann" war. Die Kann-Ausgaben sind dein Sparpotenzial. Setz dir als Ziel für den nächsten Monat, einen bestimmten Teil davon einzusparen. Das Ganze ziehst du für drei bis sechs Monate durch und wirst sehen, wie du schrittweise den Durchblick gewinnst.

Extra-Tipp: Sich alle Kann-Ausgaben zu versagen, spart zwar Geld, macht aber nicht glücklich. Versuche stattdessen, Frust- und Spontankäufe herauszufiltern und unnötige Dinge künftig im Laden stehenzulassen.

TIPP 3: Lege dir eine Notreserve an

Sobald du nach dem Umzug wieder halbwegs flüssig bist, versuchst du, jeden Monat etwas Geld auf die hohe Kante zu legen. Dafür eröffnest du am besten ein Tagesgeldkonto. Das bekommst du bei vielen Direktbanken kostenlos. Tagesgeld bringt zwar derzeit nur geringe Zinsen, dafür kannst du jederzeit auf dein Geld zugreifen, wenn dein Auto in die Werkstatt muss oder die Waschmaschine den Geist aufgibt. Ziel ist es, für Notfälle stets drei Monatsnettoeinkommen in der Hinterhand zu haben.

Extra-Tipp: Damit du das Sparen nicht vergisst, richtest du dir am besten einen Dauerauftrag auf deinem Girokonto ein. Je nach verfügbarem Budget bemisst du die Höhe des Sparbetrages. Etwa 80 bis 100 Euro pro Monat sollten es jedoch schon sein.

TIPP 4: Lebe nicht auf Kredit

Hast Du Tipp 3 einigermaßen im Griff, erledigt sich Tipp 4 fast von selbst. Das heißt: Du kannst deine Anschaffungen aus eigener Tasche bezahlen und gibst kein Geld aus, das du gar nicht hast. Stichwort Kreditkauf.

Selbst wenn Elektronikmärkte, Möbelhäuser und Autohändler mit Minizinsen locken – auch die gehen ins Geld. Vor allem aber schröpft dich deine Bank über den Dispokredit. Schau mal in die AGB, was du dafür an Zinsen abdrückst – von den Zinsen für das Überziehen des Dispos („geduldete Überziehung") ganz zu schweigen. Du hast gar keinen Dispo? Dann wäre das ja geklärt.

Extra-Tipp: Check bei der Gelegenheit gleich mal die Kosten für dein Girokonto. Wie viel zahlst du monatlich für die Kontoführung, was kostet die Kreditkarte im Jahr, kassiert die Bank für Überweisungen extra? Stelle am besten auf ein Online-Konto oder Mobilkonto um – die sind meist deutlich günstiger oder kostenlos.

TIPP 5: Baue ein Vermögen auf

Vermögen – das klingt ganz schön nach dicker Hose und Geld, das du nicht hast. Okay, dann lass dir vom Staat helfen. Überleg dir zuerst, was du willst. Träumst du vom Eigenheim, dann schließ einen Riester-Bausparvertrag ab und kassier staatliche Zulagen. Ansonsten kann sich ein Riester-Fondssparplan lohnen. Zahlt dein Betrieb vermögenswirksame Leistungen oder schießt Geld zu einer betrieblichen Altersvorsorge zu, solltest du auch diese Optionen prüfen. Unter Umständen bekommst du auch dafür Geld vom Staat.

Extra-Tipp: Riester-Verträge haben den Vorteil, dass du das Guthaben inklusive staatlicher Förderung jederzeit zur Finanzierung eines Eigenheims verwenden kannst und nicht bis zum Rentenbeginn warten musst.

FÜNF FÜR ALLES

Edelstahl, Kochfeld, Backofen – Spezialreiniger, so-
weit das Auge reicht. Wer
vor dem Regal im Drogeriemarkt steht, möchte ver-
zweifeln. Doch die bunte
Vielfalt ist vor allem ziemlich teuer, das meiste davon kannst du dir sparen.

Um in der ganzen Woh-
nung Glanz zu verbreiten,
brauchst du nicht mehr
als eine Handvoll Reiniger.
Wonach sie duften ist
ziemlich egal – Sauberkeit
riecht nach gar nichts. Alles andere hat die Produkt-
werbung in unsere Köpfe
eingepflanzt.

Universal-/Neutralreiniger

Was ist drin? Ob auf der
Flasche Neutral-, Univer-
sal- oder Allzweckreiniger
steht – in den leicht alkali-
schen Substanzen stecken
vor allem Tenside, die sich
an Schmutzpartikeln an-
lagern und diese ablösen.

Wofür ist das? Universal-
reiniger gehört – sparsam
dosiert – ins Putzwasser für
alle abwaschbaren Oberflächen inklusive Fußböden.
Unverdünnt auf einen Lap-
pen getropft bekommst du
angetrocknete Fettspritzer
und Essensreste auf dem
Herd, im Backofen oder
dem Dunstabzug weg.

Essigreiniger

Was ist drin? Die in Essig-
reinigern enthaltene Säure
beseitigt vor allem säurelös-
liche Substanzen wie Kalk
und Urinstein. Wer den Ge-
ruch nicht mag, kann stattdessen auch einen Reiniger
auf Basis von Zitronensäure
verwenden.

Wofür ist das? Essig- oder
Zitronensäure sind überall
dort gefragt, wo Du mit
Wasser hantierst – also vor
allem in Küche und Bad.
Du bekommst damit Wasch-
becken und Duschkabine
genauso sauber wie Arma-
turen und Fliesen. Pur wirkt
er gegen Verkrustungen.

Scheuermilch

Was ist drin? Neben Farb- und Duftstoffen sowie Tensiden (siehe Spalte 2) enthält Scheuermilch weiche Schleifpartikel, zum Beispiel aus Quarz- oder Marmormehl. So eignet sie sich zum Scheuern, ohne Oberflächen zu zerkratzen. Statt einer Milch kannst du auch ein Scheuerpulver nehmen.

Wofür ist das? Scheuermittel sind aufgrund ihrer Schleifwirkung sehr wirksam gegen anhaftenden Schmutz auf sämtlichen Oberflächen in Küche und Bad, etwa der Arbeitsplatte oder den Fliesen.

Geschirrspülmittel

Was ist drin? Geschirr- bzw. Handspülmittel sind vom pH-Wert her neutral bis schwach sauer. Sie enthalten Tenside gegen fetthaltigen Schmutz, Alkohol als Lösungsmittel sowie Hautpflegesubstanzen, Farb- und Duftstoffe.

Wofür ist das? Geschirrspülmittel lösen Speisereste vom Geschirr. Grobe Reste kippst du vorher in den Müll. Du kannst das Mittel auch zum Reinigen von Oberflächen nehmen, allerdings bleiben nach dem Trocknen Schlieren zurück. Tropfenweise dosieren!

WC-Reiniger

Was ist drin? WC-Reiniger sind meist schwach sauer und zähflüssig. Dadurch haften sie besser als flüssige Reiniger am WC-Becken. Mithilfe von Säuren und Tensiden beseitigen sie Urinstein und Kalk. Alkalische („hypochlorithaltige") WC-Reiniger wirken bleichend und keimabtötend.

Wofür ist das? Erraten, fürs Klo. Allerdings nicht nur die Innenseite, sondern auch der Rand – und darunter. Lass den Reiniger 30 Minuten einwirken und schrubbe dann mit der WC-Bürste.

Weg mit dem Dreck!
Saug einmal pro Woche, am besten an einem festen Tag. Beginne in der hintersten Ecke und arbeite dich bis zur Tür vor. Auf Parkett und Fliesen schaltest du den Bürstenkranz der Düse zu.

CHECKLISTE „STAUBSAUGEN"

Staubsaugen? Kann doch jeder. Stimmt: Kabel rausziehen, Stecker rein, einschalten und dann immer hin und her. Nicht gerade eine Geheimwissenschaft. Doch wie fast überall im Leben gibt es auch beim Staubsaugen zwei Wege: intuitiv loswurschteln oder mit Köpfchen vorgehen. Dank der folgenden Tipps schlägst du dich auf die Seite der Profi-Sauger.

1 Oberflächen säubern Staub schwebt zwar in der Luft, wird dann aber von der Gravitation zu Boden gezogen. Es ist also sinnvoll, zuerst alle Oberflächen abzuwischen. Hat sich der aufgewirbelte Staub gesetzt, saugst du den Boden.

2 Grobschmutz entfernen Die Filter im Inneren des Saugers halten umso länger, je weniger Schmutz du einsaugst. Hebe oder kehre gröberen Dreck deshalb vorher auf. Verschüttetes Mehl kehrst du weg, sonst setzen sich die Poren des Staubbeutels zu und du musst ihn auswechseln. Sauge keine Papierknäuel, Holzstücke oder Ähnliches ein, da sie das Saugrohr verstopfen können.

3 Leistung reduzieren Viele Staubsauger erlauben es, die Saugleistung mit einem Schieber oder Regler zu regeln. Vor allem auf Teppichböden saugt sich die Düse bei voller Power nur fest. Auf Fliesen und Hartböden drehst du die Leistung dagegen voll auf und siehst zu, dass du schnell vorankommst. Übrigens: Das Nebenluftventil am Saugrohr zu öffnen, ist zwar bequem, erhöht aber den Stromverbrauch.

4 Kabel aufwickeln Ziehe das Stromkabel des Staubsaugers nicht mit Gewalt bis zum Anschlag heraus. Dann wickelt es sich eventuell nicht mehr auf, weil die Rückholfeder ausgehakt oder gebrochen ist. In solch einem Fall muss eine neue Kabeltrommel her. Kostenpunkt: bis zu 100 Euro. Die kannst du sparen, indem du das Kabel per Hand aufwickelst.

5 Düsen wechseln Die komischen Teile, die mal am Saugrohr steckten, jetzt aber irgenwo verstauben, sind Zusatzdüsen. Benutze sie so: Mit der flachen Fugendüse kommst du in Ecken und hinter Heizkörper, die Polsterdüse ist für – genau, Polster. Mit der kleinen, runden Bürste saugst du empfindliche Sachen wie Bilderrahmen ab.

6 Filter reinigen Wechsle regelmäßig Motorschutz- und Mikroabluftfilter. Neue liegen meist in der Staubbeutelpackung. Den Abluftfilter musst du eventuell auswaschen.

CLEVERE HAUSHALTSHELFER

UM DEINEN HAUSHALT IM GRIFF ZU HABEN und kleine Probleme zu lösen, musst du nicht viel Geld ausgeben. Viel wichtiger sind ein paar altmodische Utensilien.

Kalk in der Trinkflasche?

Die Thermoskanne müffelt? Der Wasserkocher sieht keimig aus? Es gibt Ablagerungen im WC? Ein Gebissreiniger-Tab oder ein Spritzer Zitronensäure schaffen neuen Glanz.

Flecken auf dem Sofa?

Kaltes Wasser und Spülmittel helfen gegen Milch-, Ei- und Blutflecken, warmes Wasser und Seife gegen Kaffee, Tee und Obst. Rotweinflecken betupfst du mit Wasser und Zitrone. Fast immer hilft Vollwaschpulver.

Öl- und Fettspuren auf Möbeln?

Isopropylalkohol (Isopropanol) aus der Apotheke eignet sich zum Abreiben von Fett- und Ölspuren, zum Entfernen von Schimmel und Kleberresten – etwa von Paketklebeband auf Möbeln – sowie zum Putzen der Displays von Smartphone, Tablet & Co.

Abfluss verstopft?

Statt das Abwasser mit Rohrreiniger zu vergiften, nimm die Saugglocke. Hartnäckige Verstopfungen löst du mit Abflussbürsten. Willst du ekliges Gefummel vermeiden, nutze Ahflusssiebe.

Dreckige Fensterscheiben?

Wer nicht wartet, bis er nichts mehr sieht, ist im Vorteil. Für streifenfreien Durchblick brauchst du einen Einwascher, Lappen oder Schwamm und einen Abzieher mit Gummilippe.

Eingebrannte Reste?

Eine Paste aus Natron und Wasser hilft gegen Krusten auf Topfböden. Aufs Backblech gibst du Backpulver und Sprudel – und schiebst es bei 100 Grad für 20 Minuten in den Ofen.

Zerkratzter Boden?

Bevor du Kratzer auf Dielen oder Parkett siehst, gönne Stuhl- und Tischbeinen Filzgleiter. Es gibt sie zum Kleben, Nageln und Schrauben.

ABKRATZEN?

VERKRUSTET, SCHARTIG UND STEINHART – Kalkablagerungen in Bad und Küche sind ein Albtraum. Schrubben hilft da wenig.

Beim örtlichen Versorger erfragst du die **WASSERHÄRTE** in deiner Gegend. Sie wird in „deutschen Härtegraden (dH)" gemessen. Zwischen 14 und 21 °dH gilt Wasser als hart.

KALK IST IMMER DA. Vom ersten Tag an setzt er sich in Kaffeemaschine und Wasserkocher ab und überzieht Oberflächen mit einem feinen Schleier. Auf Dauer hinterlässt er Krusten und Ränder an Armaturen, der Duschwand, sogar im Inneren des schicken Regenwald-Brause-kopfs. Je härter das Wasser, desto mehr Kalk enthält es. Neutralreiniger, Topfschwamm und Muskelkraft nutzen dir bei der Beseitigung gar nichts. Kalk verhinderst du nur, wenn du Seifenreste immer sofort abspülst und die Oberflächen mit einem weichen Lappen trocknest.

WEGÄTZEN!

UM KALK LOSZUWERDEN, BRAUCHST DU SÄURE. Keine Angst, die gibt es in jedem Drogeriemarkt – und in der Natur.

Zum Reinigen der **FLIESEN** in Bad und Küche reicht ein Neutralreiniger. Zu starke Reiniger können die Oberfläche ruinieren.

Hast du keinen Reiniger im Haus, gibst du einfach **ZITRONENSAFT** oder verdünnten Essig über die verkalkte Stelle, lässt ihn einwirken und wischt die Reste ab.

GEGEN KALKABLAGERUNGEN hilft ein Reiniger auf Basis von Essig- oder Zitronensäure mit einem pH-Wert von 1 bis 4. Besonders wirksam sind Gels und Schaumreiniger, weil sie auch an schrägen Oberflächen haften. Weiche Verkrustungen ein paar Minuten damit ein und wisch sie dann weg. Nachteil: Wirkt Säure zu lange ein, kann sie Marmor und Aluminium sowie Lacke und Kunststoffe angreifen. Prüf deshalb die Wirkung der Reiniger an einer unauffälligen Stelle oder nimm für empfindliche Oberflächen einen milden Sanitärreiniger.

UNERWÜNSCHTE MITBEWOHNER

Nicht alles, was fliegt und krabbelt, ist schädlich. So vertilgen Spinnen und Weberknechte Plagegeister wie Fliegen und Mücken. Ein paar der agilen Tierchen sind allerdings definitiv nicht nützlich – sodass du sie besser schnell wieder los wirst. Und wir reden hier noch nicht einmal von Kakerlaken, Bettwanzen und Staubläusen.

Wahrscheinlicher ist es, dass du eines Tages Kleidung mit Fraßlöchern aus dem Schrank ziehst oder beim Lichtanschalten Silberfischchen durchs Bad huschen. Keine Panik: Das hat nichts mit schlechter Hygiene zu tun und passiert fast jedem mal.

Kleidermotten

Woher kommen sie? Kleidermotten schleppst du meist mit gekaufter Kleidung ein, sie können aber auch von außen ins Zimmer fliegen. Larven fressen an Textilien, Pelzen, Teppichen und Federn. Sie hinterlassen zwar unschöne Fraßlöcher, stellen aber für die Gesundheit keine Gefahr dar.

Wie verschwinden sie? Betroffene Kleidung wäschst du bei 60 Grad, hängst sie in die Sonne oder legst sie für drei Tage in einer verschlossenen Plastiktüte ins Gefrierfach. Vorbeugen kannst du mit Patschuliöl, Zedernholz und Lavendelsäckchen im Schrank.

Aufpassen! Da die Motten selbst kaum sichtbar sind, untersuchst du Kleidung und Polstermöbel besser regelmäßig auf Löcher.

Lebensmittelmotten

Woher kommen sie? Fast immer schleppt man sich die Motten mit gekauften Lebensmitteln ein. Befallen sein können unter anderem Reis, Getreide, Nudeln, Nüsse, Gewürze, Vogelfutter und Schokolade. Die Motten beißen Verpackungen aus Papier und Pappe durch und hinterlassen weiße Gespinste, die den Packungsinhalt verklumpen lassen.

Wie verschwinden sie? Befallene Lebensmittel packst du fest in Müllbeutel und entsorgst sie in der Mülltonne. Motten, Eier und Gespinste saugst du gründlich fort und schmeißt den Staubsaugerbeutel weg.

Aufpassen! Suche sämtliche Vorräte nach Motten ab. Wisch den Schrank mit Essigreiniger aus und föne ihn dann heiß trocken.

Hausstaubmilben

Woher kommen sie? Die Milben sind in fast allen Textilien zu Hause. Sie lassen sich im Haushalt in Polstern, Betten und Matratzen nieder und ernähren sich von deinen Hautpartikeln. Milben lieben Feuchtigkeit und Wärme. Gefährlich sind sie nur für Hausstauballergiker.

Wie verschwinden sie? Gar nicht. Du kannst jedoch ihre Vermehrung erschweren, indem du dein Bett morgens gut auslüftest und die Matratze bei Frost ab und zu auf den Balkon stellst. Etwa alle sieben Jahre solltest du dir eine neue Matratze kaufen. Sauge und wische regelmäßig den Boden.

Aufpassen! Verzichte im Schlafzimmer auf Teppiche und Grünpflanzen: Die Schimmelpilze in der Erde sind ein idealer Nährboden.

Silberfischchen

Woher kommen sie? Die lichtscheuen und nachtaktiven Insekten wandern durch offene Fenster, undichtes Mauerwerk oder marode Wasserleitungen ein. Sie lieben feuchtwarme Raumluft und leben gern in Bad und Küche. Tagsüber verstecken sie sich in Löchern, Ritzen und Fugenrissen. Übrigens: Silberfischchen fressen Milben und Schimmelpilze.

Wie verschwinden sie? Als Falle kannst du mit Zuckerwasser getränktes Haushaltspapier auslegen. Willst du Befall vermeiden, lüfte regelmäßig, trockne keine Wäsche im Bad und lass schadhafte Fugen sowie Putzrisse zügig reparieren.

Aufpassen! Bei starkem Befall sollte ein Experte das Haus auf Feuchtigkeit und Schimmel untersuchen.

Ameisen

Woher kommen sie? Ameisen kommen durch offene Fenster und Türen. Den Weg zu Zucker und Süßspeisen in deinem Haushalt markieren diese „Kundschafter" mit Duftstoffen, sodass sich schnell ganze Straßen bilden können.

Wie verschwinden sie? Dichte Fenster und Türen sowie Ritzen ab. Bewahre Lebensmittel in verschlossenen Gefäßen auf. Sind die Krabbeltierchen im Haus, verzichte möglichst auf Giftköder, um nicht den ganzen Staat zu töten. Lege stattdessen stark duftende Kräuter wie Thymian und Lavendel oder auch Zimtpulver auf die Ameisenstraße.

Aufpassen! Findest du ein ganzes Nest auf dem Balkon oder im Mauerwerk, informiere den Vermieter.

LUFTREINIGER?

IN DEN SMOGGEPLAGTEN MEGACITYS Asiens hat fast jeder einen.
Jetzt entdecken die Hersteller auch den deutschen Markt.

Luftreiniger saugen die Raumluft an und leiten sie durch **FILTER** oder **WASSERBÄDER**. Seit einiger Zeit gibt es auch Filter für den Heizkörper, die keinen Strom brauchen.

Wer sich effektiv vor Feinstaub schützen will, sollte einen **STAUBSAUGER MIT HEPA-FILTER** verwenden, keine alten Laserdrucker und auch keine Spraydosen benutzen.

FEINSTAUB, DIESELQUALM, STICKOXIDE – elektrische Reiniger sollen die Schadstoffkonzentration in der Raumluft um mehr als die Hälfte senken. Für Hausstauballergiker bedeutet das in jedem Fall eine Erleichterung. Für Normalos ist die Anschaffung eher überflüssig. Selbst an viel befahrenen Straßen herrschen nicht dieselben Smogverhältnisse wie in Peking, Delhi oder Jakarta. Umweltexperten monieren, dass die Geräte gegen gasförmige Schadstoffe, etwa Stickoxide aus Dieselmotoren, fast wirkungslos sind. Obendrein sind viele Luftreiniger laut.

GRÜNPFLANZEN!

ZIMMERPFLANZEN KÖNNEN HELFEN, das Raumklima auf natürliche Art zu verbessern. Doch nicht alle wirken gleich.

Am besten zur Luftbefeuchtung geeignet sind GROSSBLÄTTRIGE Pflanzen wie Zimmerlinde, Nestfarn, Gummibaum oder Monstera.

Bestimmte Arten wie Efeu, Philodendron, Einblatt, Grünlilie und Drachenbaum können bis zu 50 Prozent der SCHADSTOFFE wie Formaldehyd, Benzol und Trichlorethylen aus der Luft filtern.

MITHILFE VON SONNENLICHT wandeln Grünpflanzen Kohlendioxid in Sauerstoff um. Daran beteiligt ist auch das Chlorophyll in den Blättern. Ergo: Je größer die Blätter, desto besser für die Raumluft. Außerdem befeuchten die Pflanzen die Luft auf natürliche Weise: Rund 90 Prozent des Gießwassers geben sie wieder an die Umgebung ab, erleichtern so vor allem im Winter bei trockener Heizungsluft das Atmen und schützen vor Erkältungen. Je nachdem, wie oft du die Pflanzen gießt, kannst du die Luftfeuchtigkeit um bis zu 5 Prozent erhöhen.

RATTENKÖDER?

ESSENSRESTE IM KLO ENTSORGEN – eine super Idee, wenn du dir Besuch aus der Kanalisation ins Haus holen willst.

Über die Toilette entsorgte **MEDIKAMENTE** und Drogen können in Kläranlagen nur zum Teil oder gar nicht herausgefiltert werden und gelangen so in Flüsse und Seen.

Ebenfalls nicht in die Toilette gehören reißfeste **FEUCHTTÜCHER**, Tampons, Wattestäbchen, Zigarettenkippen, Kondome sowie Öle und Fette.

DER LABBRIGE DÖNERREST oder das angegammelte Sushi von letzter Woche – ab in die Toilette damit! Aus den Augen, aus dem Sinn. Zumindest für den Moment. Doch auf Dauer verstopfen grobe Essensreste die Rohre. Zudem lassen sie sich im Klärwerk nur mit hohem Aufwand aus dem Abwasser fischen. Schließlich sind organische Reste ein gefundenes Fressen für Ratten. Es passiert schon mal, dass einer der intelligenten Nager die Spur der leckeren Brocken aus der Kanalisation zur Quelle zurückverfolgt und plötzlich aus einem WC guckt.

ENERGIETRÄGER!

SIE IST GRÜN ODER BRAUN und stinkt im Sommer.
Die Biotonne ist der richtige Ort für Essensreste.

Neben Essens-
resten kannst du auch
VERWELKTE BLUMEN,
eingegangene Zimmer-
pflanzen und Gartenab-
fälle in der Biotonne
entsorgen.

Erlaubt es die
kommunale Abfallsat-
zung, kannst du auch ge-
brauchte **KLEINTIERSTREU**
in die grüne Tonne kippen –
allerdings nur, wenn es sich
um unbehandelte Säge-
späne handelt.

WER NIE ESSEN WEGWIRFT, liest auf Seite 164 weiter. Für alle anderen. Essensreste gehören auf den Kompost oder in die Biotonne. Daraus werden Biogas und Düngemittel hergestellt. Die Schutzfolie um die verfaulende Gurke und das Plastikschälchen mit den sich zersetzenden Karotten sind schlichtweg nicht abbaubar – und kommen als Mikroplastik zurück auf deinen Teller. Damit du nicht mit jeder Eierschale vor die Tür rennen musst, sammelst du die Reste ein oder zwei Tage lang in einer Schüssel und wickelst sie dann in Zeitungspapier ein.

Achtung, Keimschleuder
Rohes Geflügel abzuspülen, ist riskant: Das Spritzwasser verteilt Krankheitskeime in der Küche. Einen Spülschwamm brauchst du dazu schon gar nicht: Küchenpapier zum Abtupfen reicht.

FAKTENCHECK: KÜCHENKEIME

Salmonellen im Hähnchen, Listerien im Lachs – dass Lebensmittel krank machen können, ist Fakt. Deiner Gesundheit auf die Sprünge hilfst du aber nicht mit Reinigungsmitteln, die alle Mikroorganismen platt machen. Viel besser ist es, ein paar Hygieneregeln zu beachten.

Schwamm wechseln Wer seinen Spülschwamm einmal pro Woche austauscht, ist kein übertriebener Sauberkeitsfanatiker, sondern fit in Küchenhygiene. Verarbeitest du öfter rohe tierische Produkte – also Fisch, Fleisch und Eier –, ist ein neuer Schwamm oder Lappen alle zwei, drei Tage fällig. Der alte kann dann bei 60 Grad in die Wäsche.

Erst Salat, dann Fleisch Um keine Krankheitskeime zu essen, solltest du tierische Produkte immer als Letzte aufs Schneidebrett packen und Fleisch nicht offen neben Gemüse legen. Sonst riskierst du, dass Salmonellen & Co im Salat landen.

Küche sauberhalten Spuren von Ei, Fleischsaft oder Auftauflüssigkeit wischst du mit einem Stück Küchenkrepp auf und entsorgst dieses im Biomüll. Bist du fertig, reinigst du die Arbeitsfläche und alle verwendeten Geräte mit heißem Wasser und Spülmittel. Auch Armatur, Herdregler, Schubladengriffe und Kühlschranktür haben einen Extra-Wisch verdient.

Keine Bakterienkiller Es ist weder nötig, antibakteriell zu putzen, noch seine Hände zu desinfizieren. Im Gegenteil: Desinfektionsmittel können Allergien auslösen, auf Dauer die Körperabwehr schwächen und resistent gegen Krankheitserreger machen. Außerdem belasten sie die Umwelt unnötig.

Bist du Allergiker oder chronisch krank, besprich das Thema mit dem Arzt.

Obst waschen Auch auf Obst und Gemüse, Salat, Sprossen und Kräutern können Krankheitserreger siedeln. Wasche diese deshalb unter fließendem Wasser gründlich ab. Erdnah wachsendes Gemüse wie Gurken und Möhren reinigst du mit einer Gemüsebürste oder schälst sie.

Fleisch durchgaren Erhitze beim Kochen die Speisen ausreichend. Sieht die Hähnchenbrust innen roh aus – lieber noch mal in die Pfanne damit. Reste stellst du nach dem Abkühlen zügig in den Kühlschrank.

Richtig auftauen Hackfleisch auf der Heizung auftauen? Nicht gut. Eher schon in der Mikrowelle. Am besten aber: abgedeckt im Kühlschrank. Übrigens: TK-Pizza und Pommes können sofort in den Backofen.

E-Herd

Strom verschwenden?
Richtig viel Energie wird verschwendet, wenn du immer die größte Herdplatte verwendest, selbst wenn der Topf viel kleiner ist. Auch das Vorheizen des Backofens und die automatische Reinigung (Pyrolyse) benötigen viel Strom.

Strom sparen Kochen mit Topfdeckel, das Ausnutzen der Restwärme und das Kochen auf mittlerer oder kleiner Stufe schonen den Geldbeutel. Nimm außerdem möglichst wenig Flüssigkeit und erhitze kleine Gerichte in der Mikrowelle.

Und dann noch… Investiere in ein paar gute Pfannen und Töpfe mit absolut ebenem Boden – sie nutzen die Herdwärme optimal aus.

Kühlschrank

Strom verschwenden?
Temperaturregler immer auf der höchsten Stufe, Gefrierfach meist vereist und alles hineinstopfen, was geht – so sorgst du zuverlässig dafür, dass dein Kühlschrank jede Menge Strom frisst.

Strom sparen Es reicht aus, wenn der Regler auf der niedrigsten Stufe steht. Fülle den Kühlschrank zu maximal zwei Dritteln, damit darin die Luft zirkulieren kann. Kühle nur Lebensmittel, die gekühlt werden müssen, und entferne vorher Pappverpackungen, Folien etc.

Und dann noch… Beim Decken und Abräumen des Tisches ist es besser, die Kühlschranktür offen zu lassen, als sie ständig zu öffnen und zu schließen.

Beleuchtung

Strom verschwenden? Alte Glühlampen und Halogenspots verwenden – und dann alle gleichzeitig brennen lassen. Das bringt den Zähler schön auf Touren. Das Lichtausschalten öfter mal zu vergessen oder zur Sicherheit stets das Flurlicht anzulassen, lässt auch die Stromrechnung explodieren.

Strom sparen Schalte das Licht wirklich nur bei Bedarf ein. Geht eine Lampe kaputt, ersetze sie durch eine sparsame LED. Dimme das Licht, falls möglich.

Und dann noch… Wisch deine Lampen und Leuchten ab und zu mit einem trockenen Lappen ab. So lässt sich die Lichtausbeute erhöhen und du kannst den Dimmer herunterfahren.

Wäschetrockner

Strom verschwenden? Ein Trockner braucht rund viermal so viel Strom wie die Waschmaschine – also kein Dauerbetrieb! Ist immer nur das Lieblingsshirt drin oder soll das Duschhandtuch noch kurz flauschig werden, umso teurer wird's.

Strom sparen Versuche, den Trockner möglichst voll zu beladen, und vermeide das Programm „Extratrocken". Mache außerdem öfter mal das Flusensieb sauber – am besten sogar nach jedem Trockengang.

Und dann noch… Der sparsamste Trockner ist der, der möglichst wenig läuft. Hast du die Möglichkeit, Wäsche im Freien zu trocknen, dann nutze sie! Das schont Wäsche und Budget.

Geschirrspüler

Strom verschwenden? Möglichst heiß muss es sein, damit es auch sauber wird? Kann man machen, ist aber teuer und unnötig – genauso wie der Spülgang für drei Teller und zwei Messer. Damit dreckiges Geschirr stinkt, müsste es schon ein paar Tage herumgammeln.

Strom sparen Für wenig verschmutztes Geschirr sowie Gläser reicht eine niedrige Temperatur. Kratze groben Schmutz und Essensreste vor dem Spülen per Hand ab und belade den Spüler möglichst voll.

Und dann noch… Lass die Maschine ab und zu im Intensivprogramm laufen, um Keime abzutöten, und reinige das Restesieb auf dem Boden der Maschine.

Waschmaschine

Strom verschwenden? Das Kurzprogramm geht zwar schnell, zieht aber unnötig viel Strom (siehe S. 166). Außerdem gilt: Je höher die Temperatur, desto höher der Stromverbrauch. Waschgänge bei 60 oder 95 Grad sind also deutlich teurer als bei 30 oder 40 Grad.

Strom sparen Fülle die Trommel so voll wie möglich oder wähle das Programm für halbe Beladung. Überhaupt: Schau dir die Programme, zwischen denen du wählen kannst, an und nutze sie auch. Spar dir aber die Vorwäsche.

Und dann noch… Ab und zu ist eine 95-Grad-Wäsche sinnvoll. Auf diese Weise werden Krankheitskeime in der Maschine abgetötet.

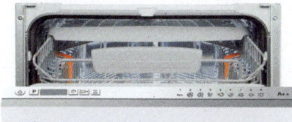

RICHTIG SCHNELL?

SAUBERE WÄSCHE IN 15 MINUTEN – das funktioniert leider nicht. Beim Kurzprogramm zahlst du unterm Strich drauf.

Für leicht verschwitzte Shirts oder einmal getragene **SPORTKLEIDUNG** kannst du die Kurzwäsche ruhig mal verwenden.

Je kürzer die Waschzeit, desto weniger Zeit hat das **WASCHMITTEL**, um den Schmutz aus der Wäsche zu lösen.

DU HAST WENIG ZEIT und Wäschewaschen findest du lästig? Kein Problem, dafür hat die Maschine ja ein Kurzprogramm. Damit sparst du jede Menge Zeit. Doch das Tempo hat seinen Preis: Um schnell fertig zu werden, muss die Maschine öfter die Waschlauge aufheizen und die Trommel bewegen. Dafür geht viel Strom drauf – und das Waschergebnis kann trotzdem nicht mithalten. Das Kurzprogramm eignet sich daher nur für wenig verschmutzte Wäsche, zum Auffrischen kaum getragener und schnellen Durchwaschen neu gekaufter Kleidung.

RICHTIG SAUBER!

BIS ZU DREI STUNDEN WASCHDAUER – schon krass. Bist du aber ohnehin zu Hause, ist der Eco-Modus die beste Variante.

Bist du unterwegs, hast aber einen stundenlangen Waschgang geplant, programmiere die **ZEITSCHALTUHR** der Maschine so, dass sie fertig ist, wenn du wiederkommst.

Energie lässt sich vor allem durch Absenken der **WASSERTEMPERATUR** sparen. Aus hygienischen Gründen solltest du aber nicht weniger als 40 Grad wählen, für sehr schmutzige Wäsche 60 Grad.

ETWAS IRRITIEREND IST DAS SCHON: Wie kann ein Programm, das für eine Waschladung bis zu 12-mal länger benötigt als eine Kurzwäsche, weniger Energie verbrauchen? Der Trick: Zeit. Zeit, in der das Waschmittel einwirken und den Schmutz besser aus der Wäsche lösen kann.

Folge: Die Waschtrommel muss nicht so viel rotieren, um die Sache mechanisch zu regeln. Dadurch kühlt die Lauge nicht so schnell aus, was Heizenergie spart. Ein solcher Wasch-Marathon ist bis zu 50 Prozent günstiger als der hektische Sprint. Langsam wäscht eben besser.

Wie von Zauberhand
Wer das lästige Bügeln von vornherein auf das Nötigste beschränken will, setzt schon beim Kauf auf bügelfreie Hemden und Blusen.

BÜGELTIPPS FÜR PRAGMATIKER

Es soll Menschen geben, die gern bügeln. Für die Mehrheit trifft jedoch eher das Gegenteil zu. Falls du zu den Bügelhassern gehörst, bringst du entweder deine Hemden und Blusen in die Wäscherei oder lässt sie von einem Dienstleister abholen. Die Alternativen: Du versuchst, dich vorm Bügeln zu drücken – oder lernst es einfach.

Bügeln vermeiden Schleudere die Wäsche in der Maschine nur leicht. Hänge die noch feuchten T-Shirts, Hemden, Blusen und Kleider – besonders die Teile aus Synthetik und Mischgewebe – zum Trocknen auf Bügel und ziehe vorher Kragen, Knopfleisten und Nähte glatt. So kannst du dir das Bügeln meist komplett sparen. Dasselbe gilt für Wäsche, die aus dem Trockner kommt. Einfach im noch warmen Zustand zusammenlegen oder ganz kurz warm drüberbügeln – fertig! Noch ein Tipp: Häng beim Duschen Hemd oder Bluse auf einem Bügel an die Außenwand der Kabine. Der Dampf glättet sie.

Ausrüstung vorbereiten Stell das Bügelbrett so auf, dass du dich nicht vornüber beugen musst. Ist der Bezug nicht reflektierend, kannst du eine Lage Alufolie darunterschieben. So geht es schneller. Achte auf ausreichendes Licht, damit du die Falten siehst. Füll den Wassertank des Bügeleisens und stell die Temperatur ein. Aus welchem Material Hemd oder Hose sind, verrät dir das Etikett auf der Innenseite. Stell dir eine Sprühflasche mit lauwarmem Leitungswasser bereit. So kannst du die Wäsche falls erforderlich zusätzlich befeuchten.

Wäsche sortieren Damit du die Temperatur nicht dauernd hin- und herschalten musst, beginnst du mit feinen Sachen und bügelst dann Baumwolle und Leinen mit höherer Hitze.

Richtig bügeln Je nach Kleidungsstück beginnst du mit Kragen, Knopfleisten und Bund, bügelst danach von der größten zur kleinsten Stofffläche. Ist die Wäsche noch feucht, kannst du auf Dampf verzichten. Dessen Erzeugung kostet den meisten Strom.

Clever bügeln Vor allem im Winter musst du von Hemden und Blusen, über denen du einen Pullover oder eine Jacke trägst, nur Manschetten, Kragen und Ärmel bügeln.

Bewusst ablenken Mit ein bisschen Übung ist Bügeln ideal, um nebenbei mit Mama zu telefonieren, die neueste Serie zu schauen oder ein Hörbuch zu hören. Dabei verschwindet die Knitterwäsche fast von selbst.

ABLAGE P?

WOHNUNG, JOB, BANKGESCHÄFTE – permanent wirst du mit Papier zugeschüttet. Es einfach nur zu stapeln, ist keine Lösung.

Es ist wichtig, **DOKUMENTE** aufzubewahren und griffbereit zu haben. Wer Verträge, Kaufbelege oder behördliche Bescheide einfach wegwirft, riskiert damit eine Menge Ärger.

SEIT WOCHEN WÄCHST auf deinem Tisch ein Berg aus Papier. Täglich fütterst du ihn mit Abrechnungen, Bescheiden und ungeöffneten Briefen. Die kannst du alle später noch lesen, denkst du. Doch du spürst auch: Den Berg abzutragen, wird mit jedem Tag schwieriger, dein Widerwillen immer größer. Und mit etwas Pech hast du eine Frist verpasst oder einen Termin verpennt. Irgendwann nervt dich der Berg so, dass du ihn in einem Aufräumanfall in eine Kellerkiste umlagerst. Viel besser: Jeden Brief sofort öffnen und zumindest kurz überfliegen.

ABLAGE A!

DER GUTE ALTE AKTENORDNER – ein Retrofund für wenig Geld.
Mit einer Handvoll davon legst du ein Archiv für private Dokumente an.

Innerhalb eines Ordners erleichtern dir sinnvoll beschriftete **TRENNBLÄTTER** die Orientierung, zum Beispiel „Auto", „Strom", „Handy".

Bekommst du Kontoauszüge, Strom- und Handyrechnungen per E-Mail, dann speicher sie nach dem selben **ORDNERSYSTEM** – nur in diesem Fall eben digital.

ORDNERRÜCKEN ZU BESCHRIFTEN ist schon die halbe Miete. Im Ordner „Steuern" verstaust du Gehaltsabrechnungen, Kostenbelege und Steuerbescheide. Unter „Verträge" heftest du Rechnungen über laufende Kosten ab, etwa für Strom, Handy und Miete. Genauso verfährst du mit den Ordnern „Altersvorsorge", „Bank" und „Versicherungen". Hefte das Neueste zuoberst ab. Trick fürs spätere Ausmisten: Schau im Internet nach, wie lange du welche Dokumente besser aufhebst, und notiere gleich beim ersten Lesen auf jedem Blatt das Wegwerfdatum.

WO WAR NOCH MAL…?

DINGE GEHEN NICHT VERLOREN, wenn sie einen festen Platz haben. Am besten, du legst dir eine Heimkehr-Routine zu: Tür auf, reinkommen, Sachen ablegen. Nur – was kommt wohin?

Schlüssel & Posteingang

Schlüsselbretter mit Ablage sind perfekt, um Wohnungs-, Auto- und Fahrradschlüssel aufzubewahren – und den Inhalt des Briefkastens zwischenzulagern.

Kleidung & Schuhe

Gut, du kannst deine Sachen auch einfach in die Ecke werfen. Besser aber, du besorgst dir eine Garderobe – oder ein paar Wandhaken –, um Jacken aufzuhängen. Ein Regal für die Schuhe macht ebenfalls Sinn.

Smartphone & Sportuhr

Richte im Flur eine Ladestation ein. So blockierst du woanders keine Steckdosen, gehst sicher, dass deine täglichen Begleiter genügend Saft haben – und du immer weißt, wo sie stecken.

Sonnenbrille & Accessoires
Sonnenbrille, Kopfhörer, Handschuhe, Basecap oder Mütze machen sich auf einem Konsolentischchen extrem gut und sind so außerdem stets griffbereit.

Geldbeutel & Ausweise
Falls du Perso und Führerschein samt Portemonnaie nicht auch zu Hause in der Tasche behältst, packst du alles am besten in ein Regal oder eine Schale auf einer Ablage nahe der Eingangstür.

ENDLICH ZU HAUSE! Tür auf, Arbeitstasche und Kleidung abwerfen, Feierabend! Was wohin fliegt, ist erst mal egal. Da dein Flur klein ist, muss es ohnehin ohne Möbel und Ablagen gehen? Keine gute Idee, denn am nächsten Morgen erwartet dich ein Such-Parcours: Wo sind die Schuhe? Wo Sonnenbrille und Schlüsselbund? Der Ausweis fürs Büro? Jetzt heißt es, alles in Höchstgeschwindigkeit zu finden. Ein Albtraum? Dann versuch's mit ein bisschen Ordnung. Was du dazu brauchst, entscheidest du selbst. Die Palette reicht vom schicken Konsolentisch über eine schmale Kommode bis zur Klemmleiste und ein paar Haken. Hauptsache, du kriegst den Durchblick.

■ **Stauraum** Für schmale Fluren eignen sich hohe Schränke mit Türen und Spiegeln oder einfach schlichte Regalbretter.

■ **Ablage** Ein Tischchen, auf dem du beim Nach-Hause-Kommen erst einmal alles abstellen kannst, ist Gold wert.

■ **Garderobe** Besonders viele Jacken, Schals und Tücher bekommst du an einer Kleiderstange mit Bügeln unter.

ORDNUNG SCHAFFEN BEFREIT UND GIBT NEUE ENERGIE

Ordnung. Allein das Wort. Seit der Kindheit verfolgt es dich bis in deine Träume – und was haben all die Ermahnungen gebracht? Bist du heute ein Genie, beherrschst das Chaos und fühlst dich wohl dabei – oder bist du zum Ordnungsfreak geworden und in deiner Wohnung sieht alles aus wie mit dem Lineal gezogen? Für alle, die irgendwo dazwischen liegen, hier ein paar Tipps zum Aufräumen und Ordnung halten, die auch im Alltag funktionieren und keine übermenschliche Anstrengung verlangen.

TIPP 1: Regelmäßig ausmisten

Da ist es wieder, das schöne Wort mit „A". Dachtest du wirklich, die Ausmistaktion vor dem Umzug war die letzte? Irrtum: Ausmisten ist eine Lebenseinstellung. In fast jedem Haushalt sammeln sich im Laufe der Zeit Sachen an, die keiner mehr braucht. Das Anhäufen überflüssiger Dinge führt schnell zu Unordnung und Platzproblemen. Heb deshalb öfter mal deinen Blick und schau dich bewusst in der Wohnung um. Findest du eine Sache, die du nicht mehr brauchst, pack sie sofort in die Kiste für den Flohmarkt, den Ebay-Verkauf oder den Altkleidercontai-

ner. Mit der Zeit wirst du eine erstaunliche Entdeckung machen: Sich zu entschlacken schafft ein gutes Gefühl und Platz in der Wohnung.

Extra-Tipp: Verzichte nach Möglichkeit auf größere Spontankäufe, sei es aus Frust oder Freude. Auch wenn Sonderangebote locken – dreh lieber noch eine Extra-Runde im Laden und überlege, ob du die Sneaker oder die Tasche wirklich brauchst.

TIPP 2: Dinge sofort wegräumen

Die beste Unordnung ist die, die gar nicht entsteht. Versuch deshalb, die Dinge nach Gebrauch gleich wieder an ihren Platz zu räumen – das gilt für Schere und Schraubenzieher, aber auch für Kleidung, Bücher und benutztes Geschirr (vorher natürlich abspülen!). Faustregel: Alles, was nicht länger dauert als drei Minuten, lässt sich sofort erledigen. Bei dir hat es jetzt doch fünf Minuten gedauert? Dann warst du wohl zu langsam. Kannst ja noch üben.

Extra-Tipp: Wechselst du den Raum, geh möglichst nie mit leeren Händen. Schau dich vorher kurz um und überlege, was du mitnehmen könntest: Bücher, Kleidung, die große Kuscheldecke. So finden Dinge praktisch von selbst wieder an ihren Platz zurück.

TIPP 3: Der Rest in kleinen Schritten

Dein innerer Schweinehund wittert Gefahr: Du willst eine große Aufräumaktion starten? Sofort kommt Widerstand. Solltest du nicht erst einkaufen gehen, das Bad putzen, mal wieder Sport treiben? Jetzt die List: In kleinen Einheiten denken. Und: Zuerst die Sachen erledigen, die am meisten hermachen, also gut sichtbare Effekte hinterlassen.

Extra-Tipp: Klassiker des gepflegten Turbo-Aufräumens sind: Tisch abräumen, Spülmaschine füllen, gebügelte Wäsche in den Schrank legen, Bücher ins Regal stellen, Mülltüten rausbringen.

TIPP 4: Den Wecker stellen

Such dir für etwas größere Aktionen einen bestimmten Bereich aus, etwa den Kleiderschrank oder das Bad. Um dich zu motivieren und den Schweinehund in Schach zu halten, schätzt du zu Beginn den Zeitaufwand und stellst dir dann den Wecker entsprechend. Mit der Alarmfunktion des Smartphones geht das natürlich genauso gut. Lass dich ruhig mal überraschen, wie schnell und fokussiert du plötzlich Kleider sortieren sowie Shampooflaschen und Haarbürsten aufräumen kannst.

Extra-Tipp: Um die Sache ein bisschen zu forcieren, schätze den Zeitaufwand ruhig ein bisschen knapper ein und steigere dich von Mal zu Mal.

TIPP 5: Konkret planen, Ziele setzen

Du müsstest mal wieder deinen Schuhschrank auf Vordermann bringen? Die alte Matratze zum Wertstoffhof fahren? Das wird so lange nicht passieren, wie du dir keinen konkreten Termin setzt. Versuche es doch mal mit: „Am Samstag, dem 22. September, um 11 Uhr, fahre ich die Matratze zum Wertstoffhof." Trag diesen Termin in deinen Kalender ein und lass dich einen Tag vorher daran erinnern. Die Chance, dass du die Matratze loswirst, steigt damit ruckartig auf gefühlte 90 Prozent!

Extra-Tipp: Sehr effektiv für häufig wiederkehrende Handgriffe sind selbst aufgestellte Wenn-dann-Regeln, zum Beispiel: Jedes Mal, wenn ich den Herd anschalte, räume ich das saubere Geschirr vom Trockengestell. Oder: Beim Händewaschen spüle ich immer gleich die Zahnpastareste aus dem Waschbecken.

TIPP 6: Und dann: eine Belohnung

Geschafft – der Kleiderschrank ist endlich aufgeräumt, der Papiermüll in der Tonne und die Wäsche gebügelt. Ein erleichtertes „Yes!" oder „Yippie" ist da mehr als angebracht. Vielleicht aber nutzt du den Moment einfach ganz bewusst und gönnst dir einen Abstecher zum Eisverkäufer oder ziehst dir eine Extrafolge deiner Lieblingsserie rein? Auch wenn vielleicht noch nicht die ganze Wohnung glänzt und nach dem Aufräumen bekanntlich vor dem Aufräumen ist: Jetzt ist erst einmal Schluss für heute.

Extra-Tipp: Mit Belohnung ist natürlich nicht gemeint, dass du dir eine neue Handtasche kaufst, nachdem du drei alte weggeworfen hast. Vielleicht genießt du auch einfach das Gefühl, dich von Ballast befreit zu haben.

Kommunikation ist das halbe (Mieter-)Leben. Insbesondere bei Problemen gilt: In vernünftigem Ton mit dem Vermieter, der Nachbarin oder seinem Untermieter zu reden, bringt meist mehr, als wütende E-Mails zu schreiben oder vorwurfsvolle Aushänge an die Haustür zu pinnen. Ganz schlecht ist es, zu warten, bis sich so viel Ärger angestaut hat, dass er unkontrolliert ausbricht.

HARMONIEREN, DISKUTIEREN, KRITISIEREN

DER RICHTIGE TON ZUR RICHTIGEN ZEIT

Als Bewohner eines Mehrfamilienhauses trittst du zwangsläufig in Beziehung zu anderen Menschen. Wahrscheinlich werden deine Interessen jetzt hin und wieder mit denen anderer kollidieren. Du willst feiern, dein Nachbar seine Ruhe? Die Badwand schimmelt, der Vermieter gibt dir die Schuld? Ob Nachbar oder Mitbewohner, Vermieter oder Hausmeister – mit allen musst du irgendwie klarkommen. Abzutauchen strengt genauso an, wie sich ständig zu streiten. Statt auf seinem Standpunkt zu beharren, gilt im Normalfall die Devise: Der Ton macht die Musik. Egal, ob dir Leute sympathisch, unangenehm oder egal sind – versuche, mit ihnen ins Gespräch zu kommen und mach auch mal ein Zugeständnis. So erreichst du am ehesten, was du willst.

1. Der Trick mit den Paketen

Bücher, Kleidung, Haushaltsgeräte: Fast jeder bestellt heute Sachen im Internet. Entsprechend viele Pakete kommen jeden Tag im Haus an. Auch wenn du nicht immer da bist und deine Pakete oft bei den Nachbarn liegen: Nimmst du selbst ab und zu Sendungen für andere an, profitierst du unterm Strich auch davon. Zum einen revanchierst du dich bei den Nachbarn – denn das Zusammenleben ist nun mal ein Nehmen und Geben. Zum anderen freut sich der Paketbote, wenn er möglichst viel bei dir loswird. Bist du tagsüber zu Hause, kannst du es zum „Stammabnehmer" bringen. Vorteil: Paketboten sind auf sichere Empfänger angewiesen und wollen sie nicht verärgern. Deshalb wird es im Laufe der Zeit kaum noch vorkommen, dass sie „vergessen" zu klingeln, wenn sie ein Paket für dich haben – und lediglich eine Benachrichtigung in den Briefkasten werfen.

2. Stress mit dem Mitbewohner

Beschließt du, ein Zimmer unterzuvermieten, verfügst aber über keinerlei WG-Erfahrung, dann nimm Bewerber genau unter die Lupe: Zum einen wäre es gut, wenn ihr in etwa denselben Tag-Nacht-Rhythmus habt. Zum anderen sollten sich eure Vorstellungen von Sauberkeit in Bad und Küche einigermaßen decken – und auch das untervermietete Zimmer sollte nicht verdrecken. Schließlich bist du gegenüber dem Vermieter für alles verantwortlich. Regle zudem beizeiten, welche Fächer des Kühlschranks dein Mitbewohner nutzen, wann er Schlagzeug üben und an welche Wand er sein Fahrrad hängen darf.

3. Kleine Typologie der Vermieter

Noch anspruchsvoller ist es, im Verhältnis zum Vermieter den richtigen Ton zu treffen. Dafür ist es essenziell, ihn richtig einzuschätzen. Ist dein Vermieter eher lehrerhaft und besserwisserisch, unzufrieden und nörglerisch oder aufbrausend und autoritär? Gib einem Schlaumeier-Vermieter die Aufmerksamkeit, die er so nötig braucht, indem du ihm zuhörst, ihn häufig mit seinem Namen ansprichst, vorsichtig seine Theorien hinterfragst („Haben Sie das schon einmal ausprobiert?"), aber keinesfalls den gelehrigen Schüler markierst. Dem Dauernörgler-Vermieter widersprichst du schon deutlicher („Woher wollen Sie denn wissen, dass das nicht klappt?"), gibst ihm aber vor allem das Gefühl, dass die Dinge sich schon regeln werden. Mit dem Choleriker-Vermieter, der dich mit emotionalen Ausfällen einschüchtern will, redest du betont langsam, leise und hältst Augenkontakt. Vorwürfen begegnest du am besten mit sachlichen Nachfragen („Was genau ist Ihnen denn da zu Ohren gekommen?").

4. Druck machen für Profis

Ist das persönliche Gespräch in vielen Fällen die bessere Lösung, musst du bei Wohnungsmängeln abwägen: Ist die Heizung ausgefallen oder ein Rohr geplatzt, informier den Vermieter oder Verwalter so schnell wie möglich mündlich per Telefon – immerhin drängt die Zeit. Schimmel an der Wand, undichte Fenster oder Risse im Laminatboden solltest du dem Vermieter schriftlich anzeigen. Nur so hast du einen Anspruch, später Teile der Miete einzubehalten oder sogar zu kürzen, wenn der Vermieter dich wochenlang zappeln lässt. Fordere die Beseitigung dann nicht „so bald wie möglich" oder „umgehend", sondern setze deinem Vermieter unbedingt eine angemessene Frist mit konkretem Datum.

5. Clever: Handwerker abzweigen

Einen Duschkopf oder die WC-Brille wechseln können die meisten Mieter selbst. Was aber, wenn die Wohnzimmertür Kratzer auf dem Parkett hinterlässt oder die Außenjalousie klemmt? Eine Variante: Du passt den Hausmeister ab und bittest ihn, mal nach dem Rechten zu sehen. Klar, dass du ihm in der Wohnung einen Kaffee anbietest. Variante zwei: Du bekommst mit, dass zum Beispiel der Installateur im Haus ist, und bittest ihn, sich anschließend den undichten Abfluss in deinem Bad anzuschauen. Win-win-Effekt: Er muss nicht noch mal vorbeikommen. Du sparst Zeit und bei Kleinreparaturen, die du selbst zahlen müsstest, die Anfahrtskosten. Übrigens: Ein paar Euro Trinkgeld wirken wahre Wunder.

EINGRABEN?

DU SOLLST DICH JA NICHT ANBIEDERN, doch als neuer Bewohner die Nachbarn einfach zu ignorieren, ist keine gute Idee.

Nachbarn erwarten zu Recht, dass du den **ERSTEN SCHRITT** tust und dich vorstellst. Immerhin hatten sie bereits den Lärm bei deinem Einzug zu ertragen.

KEINE LUST AUF KONTAKT? Geht jedem mal so. Trotzdem: Am besten ist es, möglichst bald bei den Nachbarn zu klingeln und sich vorzustellen. Okay ist aber auch ein bisschen Small Talk, wenn dir Tage später ein Nachbar über den Weg läuft. Wer dagegen immer erst peilt, ob das Treppenhaus leer ist, wird dort kaum jemandem begegnen. Damit aber koppelst du dich nicht nur vom Hausfunk ab – die Nachbarn werden für ein „Phantom" vermutlich keine Pakete annehmen und weniger tolerant sein, wenn es ums Erdulden von Partylärm geht.

RAUSKOMMEN!

SYMPATHIE ZAHLT SICH AUS! Wer Kontakte knüpft und mal um Hilfe bittet, kann sich bald über Unterstützung oder Kuchenteller freuen.

Wohnst du in einem Haus mit 20 oder mehr Mietparteien, dann reicht es, dich **DIREKTEN NACHBARN** auf der Etage vorzustellen.

Bei der Vorstellung brauchst du keine **GESCHENKE** zu verteilen. Weder Blumensträuße noch Pralinenschachteln sind üblich – allenfalls ein paar Weihnachtsplätzchen oder ein Schokoosterhase.

REDEN IST GOLD – das gilt für neue Mieter ganz besonders. Zu Beginn reicht es aber, wenn du Nachbarn sagst, wer du bist und wer noch mit dir einzieht. Bei der Gelegenheit solltest du gleich um Verständnis bitten, dass es in der Anfangszeit ab und zu etwas lauter wird, weil du Löcher in Wände bohren musst etc. Habe keine Scheu, Nachbarn um kleine Gefallen zu bitten, und nimm umgekehrt auch deren Hilfsangebote an. Gib dich kooperativ und freundlich – ein gutes Verhältnis zu Nachbarn hilft auch dir, dich schnell heimisch zu fühlen.

MIT NACHBARN REDEN HILFT, KONFLIKTE ZU VERMEIDEN

Schreiende Säuglinge, schimpfende Senioren, streitende Paare – so ein Mietshaus bietet jede Menge Möglichkeiten, sich permanent gestört zu fühlen. Kein Wunder: Hier leben Singles Tür an Tür mit Familien, Frühaufsteher mit Nachtschwärmern, stille Eigenbrötler mit temperamentgeladenen Energiebündeln. Kommt der eine gestresst von der Arbeit, macht der andere schon Party. Hier rauscht nachts die Dusche, dort rotiert in aller Frühe die Waschmaschine. Und während du noch ausschlafen willst, schmeißt draußen einer leere Flaschen in den Glascontainer. Aber so ist das Leben. Aufregen kannst du dich, wenn du alt und grau bist. Und Beschweren lohnt sich nur, wenn du wirklich im Recht bist.

TIPP 1: Erst reden, dann beschweren

Bist du von Nachbarn genervt, weil sie ständig laut Musik hören, sich oft stundenlang anschreien oder der Hund pausenlos bellt, solltest du in jedem Fall zuerst das Gespräch suchen. Vieles lässt sich aus der Welt schaffen, bevor der Ärger eskaliert. Auch hier gilt: kühlen Kopf bewahren und das Problem sachlich schildern. Traust du dich nicht, den betreffenden Nachbarn anzusprechen, tut es zur Not auch ein Zettel im Briefkasten. Die Hausverwaltung oder den Vermieter einschalten solltest du nur, wenn du im Guten nichts erreichst.

Extra-Tipp: Das Zusammenleben im Haus ist ein Geben und Nehmen. Lässt du deinen Nachbarn Kinderlärm oder Hundegebell im erträglichen Rahmen durchgehen, darfst du im Gegenzug vermutlich auch mal länger feiern. Regst du dich dagegen wegen jeder Kleinigkeit auf, musst du mit Retourkutschen rechnen.

TIPP 2: In die Hausordnung gucken

Bei der Entscheidung, was Nachbarn tolerieren müssen, hilft in vielen Fällen die Hausordnung. In dem Kleingedruckten, das du mit deinem Mietvertrag unterschrieben und damit akzeptiert hast, sind die Rechte und Pflichten aller Mieter geregelt. Nirgendwo steht, dass Hausbewohner geräuschlos leben sollten. Aber: Genau wie deine Nachbarn bist du verpflichtet, so wenig Lärm wie möglich zu veranstalten. Gegenseitige Rücksichtnahme heißt das Stichwort. Verschärfte Regeln gelten in der Mittagszeit sowie zwischen 22 und 6 Uhr: Dann ist Ruhezeit. Das bedeutet: Nicht nur Zimmerlautstärke für Radio und Musikanlage, sondern noch ein bisschen leiser – eben so, dass es keinen stört.

Extra-Tipp: Wohnst du in einem extrem hellhörigen Haus und hörst jeden Schritt der Nachbarn, kannst du eventuell eine bessere Schallisolierung verlangen – aber nur, wenn nachweislich ein Mangel vorliegt. Das ist der Fall, wenn die zum Bauzeitpunkt geltenden Lärmschutzvorschriften nicht eingehalten wurden. Faustregel: Wer in einem Altbau wohnt, muss tendenziell mehr Lärm in Kauf nehmen.

TIPP 3: There's no right to party

Eine Party pro Monat ist erlaubt? Das erzählt einem zwar jeder zweite Schlauberger, wahr wird es dadurch nicht. Fakt ist: Ein Recht zum Feiern existiert nicht – ebenso wenig wie eine Regel, die Mietern regelmäßiges Grillen auf dem Balkon erlaubt. Ergo macht es wenig Sinn, auf solche Ansprüche zu pochen. Auch hier gilt: Rechtzeitig Bescheid sagen. Wer sich mit seinen Nachbarn einigt – oder diese sogar zu seiner Party einlädt –, fährt am besten.

Extra-Tipp: Um Missverständnissen vorzubeugen: Auch das Ankündigen deiner Hausparty gibt dir keine Sonderrechte. Zu besonderen Anlässen wie Silvester und Karneval gelten jedoch de facto höhere Toleranzgrenzen – dann darf auch länger gefeiert werden.

TIPP 4: Private Infos einstreuen

Je mehr deine Nachbarn von dir wissen, desto größer ist erfahrungsgemäß ihr Verständnis. Du sollst ihnen deshalb keine Romane erzählen, aber ein paar eingestreute Infos hier und da – und schon läuft die Sache. Wenn du erst spät abends nach Hause kommst, weil deine Arbeitszeiten nun mal sind wie sie sind, dann muss halt ab und zu die Waschmaschine laufen. Der Nachbar nickt dann bestenfalls nur wissend.

Extra-Tipp: Zu viel Privates zu erzählen, kann auch nach hinten losgehen. Mit schillernden Storys über clevere Deals und verflossene Liebschaften wirst du schnell zum Gesprächsthema im Haus und bekommst bald ungebetene Ratschläge. Das muss man wollen.

TIPP 5: Bitte, bitte, bitte!

Die Bohrmaschine ausleihen, ein paar Eier schnorren, den Wohnungsschlüssel abgeben, weil der Ableser kommt: Wer sich von seinen Nachbarn gelegentlich helfen lässt, outet sich als sympathischer Mitmensch. Im Gegenzug fühlt der Nachbar sich gut, weil er dir aus der Patsche hilft. Auch das fällt unter „Kommunikation" und ist so etwas wie die Schmiere, die das Zusammenleben am Laufen hält. Aber: Der hilfsbereite Nachbar ist weder der Hausmeister noch dein Ersatz-Papi. Also: alles in Maßen, in nettem Ton und sich beizeiten mal revanchieren. Eine Flasche Wein oder Schokolade wirken zwar altmodisch, werden aber trotzdem immer gern genommen.

Extra-Tipp: Kontakte schließen für Mutige: Stell dir an einem schönen Tag einen Stuhl in den Innenhof oder vor die Haustür, nimm dir was zu lesen mit und mach ein wenig Small Talk mit vorbeikommenden Nachbarn. Und dann so: Ach, übrigens, hätten Sie zufällig …?

DAS HILFT GEGEN EINSAMKEIT

Du hast 219 Freunde auf Facebook und 64 Follower auf Twitter? Sehr beachtlich, aber gerade bist du einfach nur einsam, hockst in einer fremden Stadt und fragst dich, wie das gehen soll: neue Leute kennenzulernen und mit ihnen Freundschaft zu schließen.

Okay, die Nachbarn sind nett, die Kollegen auch, doch das reicht irgendwie nicht. Was du suchst, sind Gleichgesinnte und Freunde. Was du tun kannst: aufhören, dir leid zu tun, und etwas unternehmen.

Haustier anschaffen

Wie geht das? Klär mit dem Vermieter, ob du einen Hund halten darfst. Für Katze, Kanarienvogel oder Kaninchen brauchst du keine Erlaubnis. Such dir in der Zoohandlung oder beim Züchter ein Tier aus – bei Kaninchen und Vögeln besser zwei, damit sie sich ohne dich nicht langweilen.

Was bringt das? Vor allem ein Hund zwingt dich, regelmäßig die Wohnung zu verlassen. Beim Gassigehen lernst du andere Tierfreunde kennen. Darüber hinaus hast du eine Aufgabe und trägst Verantwortung.

Ist das was für mich? Hunde und Katzen sollten nicht zu lange allein sein. Nichts für alle, die von früh bis abends unterwegs sind.

Gemeinsam Sport treiben

Wie geht das? Yogagruppe, Tischtennisteam, Handballverein – beim Sport triffst du Gleichgesinnte und kommst schnell in Kontakt. Such dir Anlaufstellen und vereinbare zunächst ein unverbindliches Probetraining.

Was bringt das? Du tust nicht nur etwas für deine Gesundheit, sondern schaffst auch Platz im Kopf für positive Gedanken. Oft ergeben sich weitere gemeinsame Erlebnisse wie Teamausflüge, Stammtische und Spieleabende.

Ist das was für mich? Du solltest Freude an Bewegung haben. Falls du eher andere Interessen hast: Auch Kochkurse, Lesezirkel und Theatergruppen sind ideale Kontaktbörsen.

Ehrenamt ausüben

Wie geht das? Menschenrechte, Tierschutz, Jugendarbeit – in jeder Stadt gibt es kirchliche und soziale Organisationen. Sie bieten Interessierten die Möglichkeit, sich ehrenamtlich zu engagieren. Check deine Interessen, tritt in Kontakt und übernimm eine Aufgabe.

Was bringt das? Du bekommst zwar kein Geld, dafür aber das befriedigende Gefühl, anderen Menschen zu helfen. Du kommst in Kontakt mit Gleichgesinnten und bringst durch Termine Rhythmus in dein Leben.

Ist das was für mich? Du solltest jemand sein, der Befriedigung daraus zieht, anderen zu helfen und dabei weniger seine eigenen Vorteile im Auge hat.

Tag strukturieren

Wie geht das? Wer sich einsam fühlt, neigt dazu, seine Freizeit auf dem Sofa oder im Bett zu vertrödeln. Mach dir deshalb besonders in der ersten Zeit jeden Abend einen Plan für den nächsten Tag – ohne viel Leerlauf. Einkaufen, putzen, joggen – was erledigst du wann? Hake die Aufgaben ab, wenn sie erledigt sind.

Was bringt das? Mit einem Plan schiebst du die Dinge nicht mehr vor dir her, sondern kriegst sie gebacken. Du hast nicht mehr so viel Zeit zum Grübeln und meisterst deinen Alltag besser.

Ist das was für mich? Sofern du über ein Mindestmaß an Selbstdisziplin verfügst und Erfolge dich motivieren – versuche es!

Selbstwert stärken

Wie geht das? Nur weil du gerade einsam bist, bist du nicht weniger wert. Wer sich selbst vernachlässigt, zieht sich nur noch weiter runter. Tu dir deshalb Gutes, so oft es geht: Lass dir ein entspannendes Bad ein, koch dir etwas Schönes, geh ins Kino. Kurzum: Behandle dich wie einen richtig guten Freund.

Was bringt das? Das Alleinsein auszuhalten kannst du lernen. Für viele ist es sogar eine neue und heilsame Erfahrung – so lange es kein Dauerzustand wird.

Ist das was für mich? Du hast ab und zu deine Tiefs, weißt aber, dass du wieder herausfindest, wenn du dich um dich selbst kümmerst? Worauf wartest du?

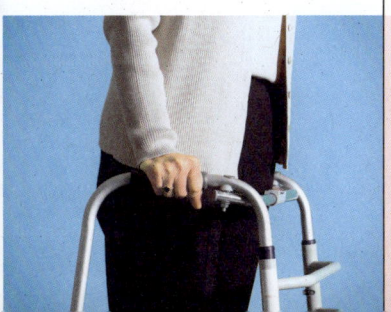

Könnte lauter werden ...
Bevor die Gäste kommen, die Bässe wummern und die Stimmung steigt, solltest du deine Nachbarn informieren – sonst steht plötzlich mitten in der Nacht die Polizei vor der Tür.

LET'S GET THE PARTY STARTED!

Geburtstag, Silvester oder einfach so – einen Grund zum Feiern findet man immer. Und eine eigene Wohnung ist dafür perfekt. Die alte Partyregel „Sei niemals der Gastgeber", ist für dich ab sofort außer Kraft gesetzt. Damit deine Party der Knaller wird, ist ein bisschen Planung nötig: Gäste, Getränke, Musik und so. Deshalb hier ein kleiner Party-Guide.

1 **Gäste einladen** Lege rechtzeitig den Termin fest. Mach eine Gästeliste, um den Überblick zu behalten, und schick Einladungen raus. Damit sich die Leute nicht stapeln, rechne maximal eine Person pro Quadratmeter Partyfläche.

2 **Nachbarn informieren** Mach einen Tag vorher einen Aushang im Treppenhaus oder – noch besser – sage deinen Nachbarn Bescheid.

3 **Getränke besorgen** Plane ausreichend Getränke ein – lieber zu viel als zu wenig. Bier, Wein, Sekt, Wasser, Softdrinks und Säfte bilden die Basis. Du kannst auch Cocktails oder Bowle anbieten – das ist aber aufwendiger und wird teurer. In vielen Getränkemärkten kannst du auf Kommission einkaufen und ungeöffnete Flaschen zurückbringen.

4 **Essen vorbereiten** Ob Fingerfood, Pizza oder Chili con Carne: Denke bei der Speisenauswahl daran, dass die Gäste nicht am Tisch essen. Also muss alles in die Hand oder ein Schälchen passen. Noch Knabberzeug in der Wohnung verteilen – fertig!

5 **Location checken** Auch wenn sich Gäste bevorzugt in Küche, Flur und Wohnzimmer ballen – auch der Rest der Wohnung sollte aufgeräumt und sauber sein. Hänge eventuell ein paar Türen aus und räume einen Bereich frei, in dem getanzt werden kann. Dein Schlafzimmer schließt du am besten ab. Hast du einen Balkon, sollte das die Raucherzone sein, sonst riskierst du, dass ständig Leute vor die Tür gehen.

6 **Musik auflegen** Am besten erstellst du dir ein paar Playlists mit verschiedenen Stilen, die du mit steigender Stimmung wechseln kannst, etwa von Lounge über House bis Clubmix oder Partykracher.

7 **Licht designen** Oft unterschätzt, aber extrem wichtig: die Beleuchtung. Zu helles Licht ist ein Stimmungskiller – Dunkelheit auch. Die Lösung: indirektes Licht. Benutze dafür Tisch- und Stehlampen und leuchte vor allem Decken und Wände an. Noch ein paar Teelichte, das war's.

WAS TUN BEI MÄNGELN?

Der Warmwasserboiler fällt aus, die Heizung streikt, im Bad macht sich Schimmel breit – fast jeder Mieter bekommt es irgendwann mit Situationen zu tun, in denen etwas schiefläuft. Oberste Regel: Der Vermieter hat dafür zu sorgen, dass die Wohnung in einem ordnungsgemäßen und fehlerfreien Zustand ist. Das gilt nicht nur für die Übergabe zu Beginn, sondern auch während der Mietdauer. Trotzdem gibt es häufig Probleme mit Wohnungsmängeln.

TIPP 1: Mängel richtig erkennen

Ein Mangel liegt vor, wenn du deine Wohnung nicht mehr „vertragsgemäß" gebrauchen kannst – also so, wie es vereinbart war. Sind die Fenster nicht mehr dicht, ist der Abfluss verstopft oder stört dich Baulärm im Haus, muss der Vermieter für Abhilfe sorgen. Ob er schuld ist, spielt keine Rolle: Auch wenn eine Silvesterrakete durchs Fenster kracht, muss er die Scheibe ersetzen. Kratzer im Parkett musst du dagegen hinnehmen, genauso wie Mängel, die du bei der Übergabe akzeptiert hast.

Extra-Tipp: Hast du selbst einen Schaden angerichtet, kann der Vermieter verlangen, dass du diesen behebst. Er darf dir auch die Reparatur in Rechnung stellen. Bist du vertraglich verpflichtet, Kleinreparaturen zu zahlen, muss eine Grenze (bis ca. 120 Euro) angegeben sein.

TIPP 2: Schreiben statt anrufen

Bemerkst du einen Mangel, bist du laut Bürgerlichem Gesetzbuch verpflichtet, diesen „unverzüglich anzuzeigen". So soll der Vermieter die Chance bekommen, Abhilfe zu schaffen. Eine Ausnahme gilt nur, wenn der Vermieter den Mangel schon kennt, weil er etwa die Bauarbeiten im Haus selbst veranlasst hat. Um Ansprüche auf eine eventuelle Mietminderung nicht zu verschenken, raten Mietervereine dazu, Mängel stets schriftlich zu melden. Das gilt auch, wenn der Hausverwalter nett ist und ein Anruf oder eine E-Mail eigentlich reicht. Setze außerdem immer eine Frist, bis zu der der Mangel beseitigt sein muss. Als angemessen gelten in der Regel zwei Wochen. Bei gravierenden Mängeln schreibst du außerdem, dass du dir das Recht vorbehältst, nach Ablauf der Frist einen Teil des fälligen Mietzinses einzubehalten.

Extra-Tipp: Meldest du einen Wohnungsmangel nicht und treten Folgeschäden auf, musst du dem Vermieter unter Umständen Schadenersatz leisten.

TIPP 3: Mangel genau beschreiben

Beschreibe den Mangel in der Anzeige so genau wie möglich. Statt „Schimmelfleck im Wohnzimmer" zu schreiben, teile dem Vermieter genau mit, an welcher Stelle dieser sich befindet, wie groß er ist und wie er aussieht. Mach am besten ein paar Fotos mit deinem Smartphone und maile sie der Hausverwaltung. Protokolliere auch die Folgen zum Beispiel eines Wasserrohrbruchs und benenne Zeugen für den Fall, dass der Vermieter seine Verantwortung abstreitet.

TIPP 4: Empfang quittieren lassen

Deine Hausverwaltung geht eigentlich nie ans Telefon und auf die Handwerker musst du immer ewig warten? Dann solltest du sicherstellen, dass der Brief mit deiner Schadensmeldung tatsächlich ankommt und sich die Hausverwaltung später nicht herausreden kann. Am besten gibst du das Schreiben persönlich ab und lässt dir den Empfang unter dem Stichwort „Mängelanzeige" quittieren. Ist das nicht möglich, schickst du den Brief zumindest als Einschreiben mit Rückschein. Dabei muss die Verwaltung unterschreiben, dass sie ihn erhalten hat und du bekommst einen Beleg.

TIPP 5: Effektiv Druck machen

Oberste Regel: Der Vermieter muss die Möglichkeit haben, den Mangel zu beseitigen. Lässt er jedoch die von dir gesetzte Frist verstreichen, kannst du ihm androhen, die Mängel auf seine Kosten selbst beseitigen zu lassen. Das ist vor allem bei kleineren Mängeln sinnvoll, zum Beispiel einem kaputten Boiler. Juristen nennen dieses Vorgehen „Ersatzvornahme". Das bedeutet:

Du legst die Kosten aus und stellst sie dem Vermieter nach Abschluss der Arbeiten in Rechnung – erneut mit einer konkreten Frist. Rührt sich der Vermieter noch immer nicht, kündigst du ihm an, dass du den Betrag mit der übernächsten Monatsmiete verrechnen wirst. Variante zwei: Bei gravierenden Mängeln hast du ein „Zurückbehaltungsrecht". Dabei zahlst du einen Teil der Miete so lange nicht, bis der Schaden behoben ist. Dritte Möglichkeit: Du teilst dem Vermieter schriftlich mit, dass du ab sofort die Miete nur unter Vorbehalt weiterzahlst. So wahrst du deinen Anspruch auf eine rückwirkende Mietminderung.

Extra-Tipp: Alle drei Varianten bergen Risiken: Behältst du etwa einen Teil der Miete zu Unrecht ein, wird dieser wie ein Mietrückstand behandelt. Lass dich deshalb vorher beim Mieterverein beraten.

TIPP 6: Aufpassen, Flickschusterei!

Den Schimmelfleck an der Wand immer wieder überstreichen, die klemmende Außenjalousie ab und zu ein bisschen zurechtrütteln, mit dem Schraubenzieher lustlos im Balkonabfluss herumstochern – das löst das Problem nicht wirklich. Wichtig: Treten Mängel wiederholt auf, hast du als Mieter einen Anspruch auf eine grundlegende und nachhaltige Beseitigung – bleibst aber verpflichtet, jedes Mal aufs Neue eine Mängelanzeige zu schreiben. Faustregel: Die Wohnung muss durch Reparaturen nicht auf-, darf aber auch nicht abgewertet werden.

MIT WUT IM BAUCH?

HEIZUNG KAPUTT, SCHIMMELBEFALL, LÄRM – solche Mängel muss der Vermieter beheben. Pure Emotion ist der falsche Weg, ihn anzutreiben.

Wer Wert auf ein gutes Verhältnis zum Vermieter legt, sollte es nicht durch unbedachte Äußerungen ruinieren. **BELEIDIGUNGEN** rechtfertigen unter Umständen sogar die fristlose Kündigung!

DRAUSSEN IST ES BITTERKALT, doch deine Heizung wird nicht warm. Üble Sache, die du dir nicht gefallen lassen musst. Doch wutentbrannt ins Handy zu schreien und der Hausverwaltung eine Klage anzudrohen, wird nicht viel bringen – du machst dich auf diese Weise nur unbeliebt. In Notfällen reagieren die meisten Verwalter ohnehin zügig. Bei nicht ganz so dringenden Mängeln sieht das oft anders aus. Musst du wochenlang auf eine Reparatur warten, dann meckere nicht nur. Zeig dem Vermieter, dass du deine Rechte kennst.

MIT KÜHLEM KOPF!

DAMIT DER VERMIETER SICH ZÜGIG BEWEGT, machst du ihm schriftlich Druck. Einfach die Miete zu mindern, ist dagegen riskant.

Viele Mietervereine bieten im Internet gratis **MUSTERBRIEFE** für Mängelanzeigen an. Einfach herunterladen, ausfüllen, ausdrucken – fertig!

EINE KALTE HEIZUNG ist kein Anschlag auf dich persönlich. Also prüfe erst einmal genau die Lage. Ist Gefahr im Verzug, weil etwa ein Rohr undicht ist und Wasser ins Parkett läuft, rufst du die Notfallnummer der Installationsfirma an. Falls nicht, setzt du einen Brief auf, in dem du sachlich den Mangel schilderst und dem Vermieter eine Frist zur Beseitigung setzt. Damit kommst du deiner Pflicht nach und kannst – falls der Vermieter dich schmoren lässt – nach Fristablauf deinen größten Trumpf ausspielen: Du behältst einen Teil der Miete ein.

SO GEHT MIETE MINDERN

„Mindere doch einfach die Miete." Fast jeder, der sich mal lauthals über Wohnungsmängel ärgert, bekommt von anderen den Tipp, einfach weniger zu zahlen. Nichts leichter als das – schließlich kursieren im Internet Tabellen, die einem verraten, wie viel Prozent bei welchem Mangel abgezogen werden dürfen. Doch Vorsicht! Ganz so einfach ist es nicht. Wer bei einer Mietminderung Fehler macht, bringt den Vermieter weniger auf Trab, als vielmehr unnötig auf die Palme. Im schlimmsten Fall droht dann sogar die Kündigung.

TIPP 1: Tabellen nur Orientierung

Richtig ist: Wenn deine Wohnung nicht in ordnungsgemäßem Zustand ist und du daran nicht schuld bist, hast du grundsätzlich ein Recht darauf, nicht die volle Miete zu zahlen. Dazu musst du den Vermieter weder um Erlaubnis fragen noch auf seine Zustimmung warten. Aber: Allgemeingültige Minderungsquoten existieren nicht. Die Werte aus besagten Tabellen beziehen sich stets auf Gerichtsurteile, die in Einzelfällen ergangen sind. Sie können deshalb allenfalls als grobe Orientierung dienen.

Extra-Tipp: Kürze auf keinen Fall die Miete „aus dem Bauch heraus". Wegen einer Lappalie wie einem Loch im Parkett 30 Prozent abzuziehen, akzeptiert kein Rich-

ter der Welt – und du kannst davon ausgehen, dass dein Vermieter dich in solchen Fällen auf Zahlung verklagen wird. Sich auf Zeitungsartikel oder das Internet zu berufen, reicht dann nicht aus.

TIPP 2: Mängel genau belegen

Viele Mietminderungen landen vor Gericht: Du denkst, du bist im Recht, der Vermieter denkt, er sei es. Das Problem: Selbst wenn der Mangel tatsächlich so existiert (hat), wie du ihn beschreibst – du musst ihn so detailliert wie möglich belegen können. Eine Formulierung wie „ständiger Lärm im Haus" hat vor Gericht so gut wie keine Beweiskraft, selbst ein über Monate oder Jahre geführtes Lärmprotokoll ist vielen Richtern nicht genug. Faustregel: Schäden und Beeinträchtigungen sind ausführlich zu dokumentieren, etwa durch Fotos, Protokolle, Zeugen oder Sachverständigengutachten.

Extra-Tipp: Stehen Modernisierungsarbeiten im Haus an, bietet es sich an, sich mit dem Vermieter vorab auf eine pauschale Mietminderung zu einigen. Ist das nicht möglich, bist du auf der sicheren Seite, wenn du die Miete weiterhin zahlst – jedoch unter Vorbehalt.

TIPP 3: Korrekte Anzeige ist A und O

Bevor du deine Miete minderst oder einen Teil zurückbehältst, musst du dem Vermieter den Mangel oder die Beeinträchtigung korrekt „anzeigen" (siehe S. 188). Erstens muss er sich um die Beseitigung kümmern können, zweitens markiert die Anzeige den frühestmöglichen Beginn der Mietminderung. Hast du den Wasserfleck an der Decke jahrelang geduldet, kannst du zwar immer noch verlangen, dass er beseitigt wird – rückwirkend die Miete zu mindern, ist dann aber ausgeschlossen. Im Gegenteil: Ist der Fleck größer geworden, riskierst du Schadenersatzansprüche. Schildere den Mangel so detailliert wie möglich und setz dem Vermieter eine Frist mit Datum. Meist sind ein bis zwei Wochen angemessen. Außerdem kündigst du an, dass du die Miete ab jetzt nur noch unter dem „Vorbehalt einer Minderung" zahlst.

TIPP 4: Nicht gleich übertreiben

Spätestens, wenn der Vermieter die Frist verstreichen lässt, stellt sich die Frage: Wie viel darf ich denn nun mindern? Das ist oft nicht einfach zu sagen, denn für vergleichbare Mängel haben Richter zum Teil unterschiedliche Quoten festgesetzt. Auf test.de findest du unter dem Suchbegriff „Mietminderung" zahlreiche Informationen zum Thema. Gegen geringes Entgelt kannst du dort auch den Beitrag „Wenn die Heizung streikt" als PDF downloaden. Dieser enthält eine Tabelle mit Beispielen für Minderungsquoten. Orientieren kannst du dich auch an den Urteilslisten in der Broschüre „Mietminderung" des Deutschen Mieterbundes (Bestellung: shop.mieterbund.de, 6 Euro).

Gehe im Zweifel vorsichtig zur Sache – das Risiko, zu viel zu mindern, trägst stets du.

Extra-Tipp: In Eigenregie die Miete mindern, solltest du nur bei kleineren Mängeln. Geht es um viel Geld oder ist dein Vermieter ein sehr streitlustiger Zeitgenosse, lass dich vorher unbedingt von einem Fachanwalt für Mietrecht oder bei einem Mieterverein beraten. Das solltest du in jedem Fall tun, wenn die Summe aller Minderungen eine Monatsmiete zu überschreiten droht. Übrigens: Gemindert wird die Bruttomiete, also Kaltmiete plus Nebenkostenabschlag.

TIPP 5: Noch ein paar Beispiele…

Hier ein paar Beispiele, damit du ein Gefühl für Minderungsquoten bekommst. Sie sind meist deutlich geringer, als es Betroffene wahrhaben wollen. Nur bei Mängeln des Kalibers „kompletter Heizungsausfall von September bis Februar" brauchst du gar nichts mehr zu zahlen. Ist nur ein Zimmer betroffen, die anderen Zimmer aber bewohnbar, minderst du anteilig zur Gesamtwohnfläche, zum Beispiel um 20 Prozent. Ist der Defekt nach zwei Wochen behoben, sind am Ende vielleicht 10 bis 12 Prozent angemessen. Lassen sich Räume nur auf 16 bis 18 Grad heizen, wäre ein Abzug von 20 bis 30 Prozent gerechtfertigt. Keinen Minderungsanspruch gestanden Gerichte zu bei: Kinderlärm im zumutbaren Rahmen, Graffiti an der Fassade, Geräuschen aus der Heizung, abblätternder Farbe an der Außenseite von Fenstern, Feuchtigkeit im Keller, Wohnfläche um weniger als 10 Prozent geringer als im Mietvertrag angegeben.

AUCH IN ABWESENHEIT BIST DU VERANTWORTLICH

Du bist dann mal weg – gut so. Doch egal, ob Elternbesuch übers Wochenende, eine Woche Festival in Dänemark oder drei Monate Hiken in Neuseeland – denk trotz Vorfreude an die Wohnung. Wäre doch blöd, in Abwesenheit einen Wasserschaden zu verursachen oder von Einbrechern bestohlen zu werden. Zu manchen Dingen bist du rechtlich verpflichtet – andere sind einfach sinnvoll und/oder hygienisch. Als da wären: Ladekabel rausziehen, Wasser abstellen, Lebensmittel aufbrauchen, Mülleimer leeren.

Vermieter muss Zutritt haben

Du musst dem Vermieter keinen Schlüssel geben, er muss nur wissen, wer einen hat. Gib ihm also Bescheid, welcher Nachbar oder Freund bei Rohrbruch, Gasgeruch oder überlaufendem Abfluss die Tür öffnen kann, inklusive Handynummer. Logisch, dass der Kumpel mit dem Schlüssel nicht gerade auf Auslandssemester sein sollte. Ein Mindestmaß an Kooperation ist in deinem eigenen Interesse. Ist in akuten Fällen niemand erreichbar, darf der Vermieter nämlich deine Tür aufbrechen lassen – und du zahlst auch noch die Rechnung.

Nebenkosten weiter zahlen

Auf Weltreise verbrauchst du zwar zu Hause weder Strom noch Wasser, deine monatlichen Nebenkosten musst du trotzdem weiterzahlen. Erst nach der Jahresabrechnung werden sie eventuell heruntergesetzt. Auch die Miete sollte unbedingt ohne Unterbrechungen weiterfließen. Selbst wenn du gerade länger in Machu Picchu, Moskau oder auf den Malediven weilst, kann dein Vermieter dir nach zwei Monaten Mietrückstand die Wohnung kündigen.

Hurra, keine Treppe reinigen!

Irrtum! Ob Treppenhaus putzen, Schnee schippen oder Rasen mähen – hast du beim Einzug Arbeiten übernommen, zu denen du vertraglich verpflichtet bist, dann kannst du nicht einfach mal aussetzen. Es gibt fast immer Nachbarn, die dann sofort beim Vermieter oder bei der Hausverwaltung auf der Matte stehen. Also: Such dir jemanden, der für dich einspringt – ob Zwischenmieter, Nachbar oder beste Freundin. Machst du das nicht, riskierst du eine Abmahnung vom Vermieter – Vorstufe zur Kündigung – und musst die Arbeiten eventuell nachholen.

HITLISTE

PFLICHTEN BEIM VERLASSEN DER WOHNUNG Bist du länger nicht da, sorg dafür, dass keine Schäden entstehen.

Zugang zur Wohnung ermöglichen

In Notfällen muss der Vermieter hineinkommen können

Geräte vom Netz trennen

Keine Pflicht, spart aber Strom und schützt vor Blitzschlag

Wasserzuleitungen schließen

Gilt vor allem für Waschmaschine und Geschirrspüler

Alle Fenster schließen

Sonst kannst du Einbrecher gleich offiziell einladen

Briefkasten leeren lassen

Läuft er über, signalisiert das: Hier ist einer länger nicht da

Pflanzen gießen lassen

Deine grünen Freunde reagieren sonst sehr empfindlich

Kühlschrank ausräumen

Oder willst du riskieren, dass die Natur sich alles zurückholt?

Im Winter Heizung anlassen

Lass den Thermostatregler in Sternchenstellung stehen

Vertretung für Hausreinigung suchen

Oder, noch besser: Mit einem netten Nachbarn tauschen

Total vernebelt
Das Bügeleisen sollte immer auf dem Gitter des Bügelbretts stehen. Außerdem sollte von Zeit zu Zeit die Sohle von anhaftenden Textilfasern gesäubert werden – sonst raucht es.

CHECKLISTE „SICHERHEIT"

Nicht nur in Abwesenheit können in der Wohnung unschöne Dinge passieren – auch wenn du zu Hause bist, bringst du mit leichtsinnigem Verhalten dich und andere unter Umständen in Gefahr. Bring Arbeiten im Haushalt deshalb immer möglichst konzentriert zu Ende und verzichte auf riskante Aktionen nach dem Motto „Wird schon klappen".

1 **Herd** Lass Pfannen und Töpfe nie unbeaufsichtigt auf dem angeschalteten Herd stehen. Im besten Fall kocht nur die Milch über, wenn es blöd läuft, fängt aber das Öl in der Pfanne an zu brennen. Lösch dann auf keinen Fall mit Wasser – sonst riskierst du eine Stichflamme! Leg niemals Elektrogeräte auf Herdplatten ab und häng darüber keine Topflappen auf. Wechsel außerdem regelmäßig den Fettfilter der Dunstabzugshaube.

2 **Bügeleisen** Leg dir am besten ein Modell zu, dass sich beim Loslassen ausschaltet. Ansonsten stell das angeschaltete Bügeleisen nur auf dem Gitter des Bügelbretts ab. Lass es richtig auskühlen, bevor du es wegräumst.

3 **Mehrfachstecker** Stecken mehrere Geräte in derselben Steckerleiste, achte darauf, dass deren Leistung die Gesamtwattzahl der Steckerleiste nicht übersteigt. Diese steht auf deren Rückseite. Schalte niemals mehrere Steckerleisten hintereinander. Reichen die Steckplätze nicht, verleg besser ein Verlängerungskabel von der nächsten Steckdose. Werden Stecker oder Steckerleiste heiß oder riecht es verschmort, ist es höchste Zeit, die Konstruktion aufzulösen. Brandgefahr!

4 **Toaster** Versuch niemals, eingeklemmte Toastscheiben mit einer Gabel oder einem Messer aus Metall zu befreien. Berührst du damit die Heizspiralen und hat der Stromkreis keinen Schutzschalter, droht ein elektrischer Schlag.

5 **Wandsicherung** Damit Vorratsschrank und Bücherregal nicht umkippen und dir auf den Kopf fallen, befestige sie an der Wand. Ist keine Halterung mitgeliefert, verwende dazu Metallwinkel aus dem Baumarkt, die du an Wand und Möbelstück befestigst.

6 **Lichterketten** Billigprodukte verursachen oft Brände und Stromschläge. Oft sind die Kabel so dünn, dass sie brechen oder die Isolierung ist schadhaft. Lass „Schnäppchen" lieber im Laden und achte darauf, dass Lichterketten für den Innenbereich einen Trafo haben, der die 230 Volt auf 24 Volt herunterregelt.

WIE DU ALS MIETER ZUM VERMIETER WIRST...

Trennung vom Partner, Mieterhöhung, Verdiensteinbußen – es gibt haufenweise Gründe, warum deine Wohnung plötzlich zu groß oder zu teuer werden kann. Dann ein Zimmer vorübergehend unterzuvermieten ist oft eine gute Lösung – allerdings muss der Vermieter mitspielen. Wie du die Sache am besten anpackst und worauf du sonst noch achten solltest – hier ein paar Tipps.

TIPP 1: Vermieter muss zustimmen

Die schlechte Nachricht: Hast du dir von vornherein eine zu teure Wohnung gesucht, um einen Teil davon unterzuvermieten und in ein paar Jahren mit Partner und Familie darin zu wohnen, muss der Vermieter das nicht abnicken. Ändern sich deine Lebensumstände dagegen nach Vertragsabschluss und kannst du dem Vermieter einen plausiblen Grund nennen, dann muss er einer Untervermietung zustimmen. Weitere Bedingungen: Du darfst dem Untermieter weder die ganze Wohnung vermieten noch diese überbelegen, indem du etwa ein Zimmer an drei Leute untervermietest. Laut aktueller Rechtsprechung sollten jeder Person mindestens 8 bis 10 Quadratmeter zur Verfügung stehen. Schließlich muss dein neuer Untermieter für den Vermieter zumutbar sein. Ist der Vermieter anderer Meinung, muss er Gründe nennen, etwa dass er den Untermieter bereits kennt und weiß, dass dieser ständig den Hausfrieden stört.

Extra-Tipp: Vorbehalte wegen Herkunft, Religion oder sexueller Orientierung zählen nicht. Verweigert der Vermieter die Erlaubnis, obwohl er sie hätte geben müssen, kannst du theoretisch untervermieten, ohne dass der Vermieter dir dann kündigen darf. Das hat der Bundesgerichtshof entschieden (Az. VIII ZR 74/10). Lass das aber besser vorher juristisch prüfen.

TIPP 2: Du bestimmst, wer einzieht

Überleg dir, ob du lieber einen festen Untermieter willst oder dir wechselnde Mitbewohner lieber sind. Schließ in jedem Fall einen Untermietvertrag ab (siehe S. 201). Dafür gibt es Gratismuster im Netz, etwa auf dmb-hannover.de (Service/Downloads). Oft ist ein Zeitmietvertrag die beste Lösung – allerdings lässt dieser sich nicht vor Ablauf einseitig kündigen. Was die Identität deines Untermieters betrifft, bist du lediglich verpflichtet, dem Vermieter mitzuteilen, an wen du untervermieten willst. Tätigkeit, Einkommen etc. gehen ihn nichts an.

TIPP 3: Ganze Wohnung vermieten?

Was aber, wenn du für ein halbes Jahr ins Ausland gehen und deine Wohnung behalten willst? Da es um eine begrenzte Zeit geht und du einen plausiblen Grund hast, darfst du die ganze Wohnung untervermieten. Ist der Vertrag unbefristet, gilt jedoch das reguläre Kündigungsrecht. Das heißt: Um dem Untermieter zu kündigen, musst du ein berechtigtes Interesse nachweisen, also etwa die Wohnung selbst benötigen. Diesen Grund musst du im Kündigungsschreiben nennen. Alternative: Du behältst ein Zimmer, lässt deine Möbel drin stehen und zahlst weiterhin einen Teil der Miete. Dann gilt die Untervermietung als „teilweise" und der Vermieter muss ihr unter den genannten Umständen zustimmen.

Extra-Tipp: In Großstädten ist die Versuchung groß, eine günstige Wohnung gegen Aufpreis heimlich weiterzuvermieten. Kommt das heraus, droht dir die Kündigung. Zwar muss der Vermieter die illegale Untervermietung bewiesen, doch dafür genügt mitunter schon ein fremdes Namensschild am Briefkasten.

TIPP 4: Achtung, Mieterhöhung!

Vermietest du ein Zimmer unter und würden dadurch mehr Leute als vorher in der Wohnung leben, darf der Vermieter seine Zustimmung von einer Mieterhöhung abhängig machen. Er kann dann davon ausgehen, dass seine Wohnung stärker abgenutzt wird. Der Untermietzuschlag soll „angemessen" sein – was das genau heißt, ist nicht eindeutig geregelt. Aufpassen: Mit steigenden Nebenkosten für Heizung und Warmwasser darf der Vermieter einen Zuschlag nur begründen, wenn diese pauschal abgerechnet werden. Meist ist jedoch der Verbrauch maßgeblich, sodass Mehrkosten nicht zulasten des Vermieters gehen.

Extra-Tipp: Handelt es sich um preisgebundenen Wohnraum, darf der Untermieterzuschlag für eine Person maximal 2,50 Euro pro Monat betragen, bei zwei oder mehr Personen 5 Euro pro Monat.

TIPP 5: Gäste sind kein Problem

Besucher sind keine Untermieter – und deiner Gastfreundschaft kaum Grenzen gesetzt. Der Vermieter darf dir auch nicht, wie früher üblich, nach 22 Uhr Damen- oder Herrenbesuche untersagen. Klauseln im Mietvertrag, die das Besuchsrecht begrenzen sollen, sind in der Regel unwirksam. Deine Gäste dürfen zudem ohne Einwilligung des Vermieters auch mal länger bleiben – bis zu sechs, eventuell auch acht Wochen gelten als unproblematisch.

Extra-Tipp: Besucher dürfen sich auch in der Wohnung aufhalten, wenn du nicht da bist, und sogar ihr Haustier mitbringen. Mietrechtlich stehst du jedoch für alles gerade, was Gäste anrichten, seien es Schäden oder Belästigungen durch übermäßigen Lärm.

Bermudadreieck Küche
Auch Untermieter haben – wie alle Mitbewohner – ihre Macken. Um Stress zu vermeiden, sollten sich beide Seiten auf ein paar Spielregeln einigen – nicht nur, was die Platzverteilung im Regal betrifft.

FAKTENCHECK: UNTERMIETE

Du gehst für eine Zeit ins Ausland, dein Partner zieht aus, die Wohnung ist dir zu teuer geworden — es gibt viele Gründe, einen Untermieter zu suchen. Damit von vornherein Klarheit herrscht, solltest du mit deinem Mitbewohner unbedingt einen Untermietvertrag abschließen.

Nutzungsrecht Neben Name, Geburtsdatum und der Adresse sollte der Untermietvertrag den Hauptmietvertrag als Anlage sowie einen Verweis auf die Hausordnung enthalten. Beschreib zudem genau, welche Räume dein Untermieter allein und welche er mit dir gemeinsam nutzen darf. Vermietest du ein möbliertes Zimmer, liste auch dessen Inventar auf.

Befristung Willst du den Untermietvertrag befristen, musst du im Vertrag Anfangs- und Enddatum nennen. Damit die Befristung gilt, musst du zusätzlich einen Grund anführen — am besten gleich im Vertrag. Ein berechtigter Grund wäre, dass du nach Vertragsablauf die gesamte Wohnung für dich brauchst („Eigenbedarf"). Ohne Angabe eines Grunds gilt der Vertrag auf unbestimmte Zeit, eine vorzeitige Kündigung ist nicht möglich!

Miethöhe Wenn dein eigener Vertrag eine Index- oder Staffelmiete enthält, gehören neben Miete und Zahlungstermin auch Mieterhöhungen in den Vertrag. Die Miethöhe ist frei verhandelbar — unabhängig davon, wie viel du selbst zahlst. Orientiere dich am besten an deiner eigenen Quadratmetermiete. Vermietest du möbliert unter, ist ein Aufschlag gerechtfertigt. Für Heizung, Strom und Internet sollte der Untermieter anteilig zahlen.

Regle außerdem, ob er anteilig Schönheitsreparaturen übernehmen soll.

Kündigung Ist der Vertrag unbefristet und nichts anderes geregelt, gelten drei Monate Kündigungsfrist. Vermietest du ein Zimmer möbliert unter, kannst du den Vertrag jeweils bis zum 15. eines Monats ohne Angabe von Gründen kündigen. Der Untermieter muss dann bis Monatsende seine Sachen packen und gehen. Ist das Zimmer unmöbliert, musst du ebenfalls keinen Kündigungsgrund angeben, jedoch sechs Monate Kündigungsfrist einhalten.

Haftung Als Hauptmieter stehst du auch für die Miete des Untermieters gerade. Außerdem haftest du gegenüber dem Vermieter, wenn dein Mitbewohner die Wohnung beschädigt oder ständig Krach macht. Bringst du ihn nicht zur Räson, musst du selbst mit einer Kündigung rechnen.

GANZE WOHNUNG?

HOME-SHARING LIEGT VOLL IM TREND. Willst du damit deine Haushaltskasse aufbessern, heißt es, die Regeln zu beachten.

Wer seine Wohnung im **URLAUB** oder auf **DIENSTREISEN** weitervermieten will, muss sich in Städten wie Berlin zuvor behördlich registrieren lassen, eine Verwaltungsgebühr zahlen und Übernachtungssteuer abführen.

Bei einem Verstoß gegen das Verbot der **ZWECKENTFREMDUNG** droht ein hohes Bußgeld. Dieses kann zum Beispiel in Berlin und München bis zu 500 000 Euro betragen.

NICHT NUR, DASS VERMIETER und Nachbarn etwas dagegen haben dürften, dass du die Wohnung zur Party-Location umfunktionierst. Viele Großstädte verbieten es inzwischen per Verordnung, ganze Wohnungen in großem Stil an Feriengäste weiterzuvermieten. Anders liegen die Dinge, wenn du dein Budget nur während deines Urlaubs aufbessern willst. Je nachdem, wo du wohnst, darfst du pro Jahr eine bestimmte Anzahl Tage an Touristen vermieten. Aufpassen: Die Regeln gelten eventuell auch für einen unentgeltlichen Wohnungstausch.

NUR EIN ZIMMER!

WER AB·UND ZU EIN ZIMMER VERMIETET und selbst in der Wohnung lebt, ist meist aus dem Schneider.

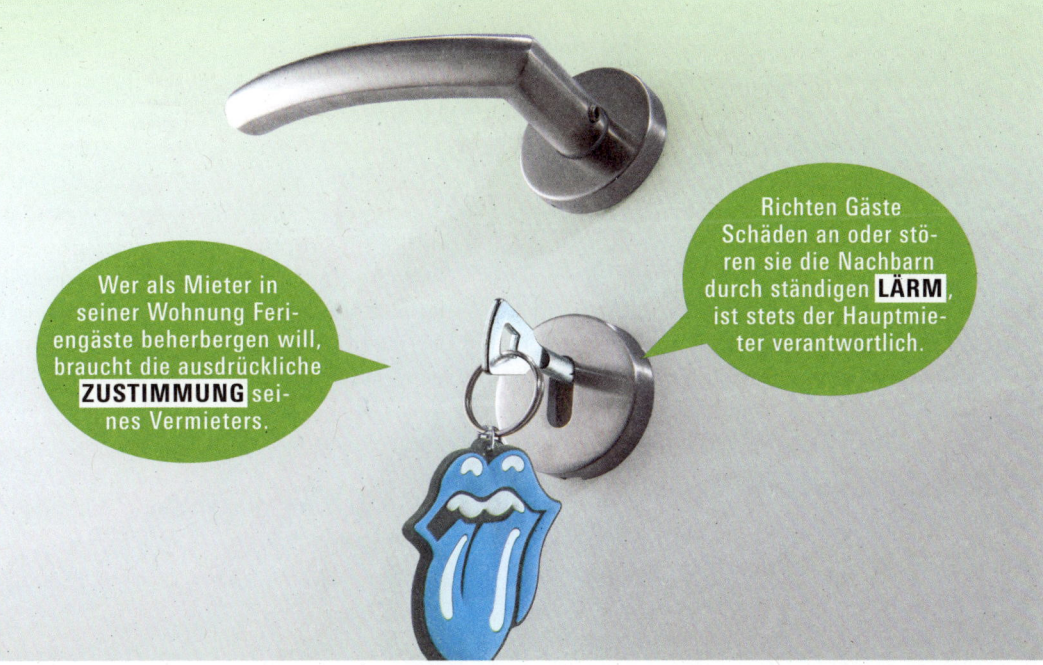

Wer als Mieter in seiner Wohnung Feriengäste beherbergen will, braucht die ausdrückliche **ZUSTIMMUNG** seines Vermieters.

Richten Gäste Schäden an oder stören sie die Nachbarn durch ständigen **LÄRM**, ist stets der Hauptmieter verantwortlich.

DEUTLICH WENIGER BÜROKRATISCH läuft die Sache, wenn du privat ein Zimmer an wechselnde Gäste vermieten willst. Über die bekannten Online-Portale ist das relativ unkompliziert möglich. Achte jedoch auch hier auf die Regelungen, die in deiner Stadt gelten. Viele Kommunen erlauben das private Vermieten von Zimmern nur, wenn du den größten Teil deiner vier Wände weiterhin selbst nutzt – als Hauptwohnung. Und keine Bange: Nur weil du Gästen Bettwäsche und Handtücher gibst, bist du noch kein gewerblicher Vermieter.

AN TOURISTEN VERMIETEN – DAS SIND DIE REGELN

Während des Urlaubs mit deiner Wohnung Geld verdienen? An langen Wochenenden die Haushaltskasse aufbessern, ohne einen Finger zu rühren? Das zeitweise Vermieten der eigenen vier Wände an Touristen macht's möglich. Das Geschäft mit Privatunterkünften boomt, denn vor allem in Großstädten sind bezahlbare Quartiere oft Mangelware. Plattformen wie Airbnb, 9flat und Wimdu bringen Interessenten und Vermieter unkompliziert zusammen. Doch das Weitervermieten an Feriengäste ist nur erlaubt, wenn du dich an die Regeln hältst. Und die sind vielerorts ziemlich streng.

TIPP 1: Nicht ohne Erlaubnis

Deine Wohnung zeitweise an Feriengäste vermieten darfst du nur, wenn der Vermieter ausdrücklich zugestimmt hat. Selbst wenn er dir in der Vergangenheit erlaubt hat, ein Zimmer an eine bestimmte Person unterzuvermieten, gilt das nicht für beliebige Gäste! Das tageweise Vermieten an Touristen ist laut Bundesgerichtshof etwas völlig anderes als eine auf Monate oder Jahre angelegte Untervermietung (Az. VIII ZR 210/13). Kommt dein Vermieter dahinter, dass du ohne Erlaubnis Touristen beherbergst, darf er dich abmahnen und im Wiederholungsfall kündigen.

TIPP 2: Bei der Stadt erkundigen

Eine weitere Hürde kann ein „Zweckentfremdungsverbot" seitens des Bundeslandes oder der Stadt sein. Viele Kommunen mit akuter Wohnungsknappheit unterbinden inzwischen das gewerbliche Weitervermieten von Wohnungen an Touristen, damit mehr Wohnraum für längerfristige Mietverhältnisse verfügbar ist. Da die Regelungen im Detail jedoch sehr verschieden sind, solltest du dir die für deine Stadt geltende Verordnung anschauen.

Extra-Tipp: Informationen zum Thema Zweckentfremdungsverbot bekommst du beim zuständigen Bezirksamt deiner Stadt beziehungsweise bei der Gemeindeverwaltung.

TIPP 3: Bisschen was geht immer

Damit muss das Thema jedoch keinesfalls gestorben sein. In den meisten Städten greift das Zweckentfremdungsverbot nicht, wenn der Mieter nicht seine ganze Wohnung, sondern lediglich einzelne Zimmer vermietet und mindestens 50 Prozent seiner Wohnung weiterhin selbst nutzt. München erlaubt sogar das tage- und wochenweise Vermieten der gesamten Wohnung für bis zu acht Wochen pro Jahr, in Bonn dürfen Mieter das zweimal im Jahr. In Freiburg ist das Vermieten einzelner Zimmer oder der ganzen Wohnung während des eigenen Urlaubs erlaubt, in Münster muss es „zeitlich vorübergehend" sein.

TIPP 4: Besser nicht übertreiben

Der Vermieter darf der tageweisen Vermietung einzelner Räume an Touristen in der Regel nicht widersprechen, so lange sie sich insgesamt im Rahmen hält und sich die Nachbarn nicht über ständigen Partylärm, Müll im Treppenhaus oder Ähnliches beschweren. Sein Veto einlegen darf er dagegen, wenn du Feriengästen ab und zu die ganze Wohnung überlassen willst. Das bedeutet unterm Strich: Selbst wenn die öffentliche Verordnung dir das gelegentliche Vermieten der ganzen Wohnung eigentlich erlauben würde – stimmt der Vermieter nicht zu, stehst du doof da.

TIPP 5: Einnahmen steuerpflichtig

Angenommen, du verdienst Geld mit dem Vermieten deiner Wohnung an Feriengäste, dann bist du verpflichtet, dieses Geld als „Einkünfte aus Vermietung und Verpachtung" in deiner Steuererklärung für das betreffende Jahr anzugeben. Dazu trägst du sie in die „Anlage V" ein. Auf der Rückseite des Formulars darfst du im Gegenzug Ausgaben abrechnen, die du im Zusammenhang mit der Vermietung hattest. Zu diesen „Werbungskosten" zählen deine eigene anteilige Miete plus Nebenkosten, Ausgaben für Inserate beziehungsweise die Vermittlungsgebühr für das Online-Portal sowie Kosten für einen Putzdienst. Schaffst du für Feriengäste extra eine Kaffeemaschine an, darfst du auch deren Kosten absetzen.

Extra-Tipp: Als Gelegenheitsvermieter profitierst du von einer steuerlichen Freigrenze: Bis zu 520 Euro im Jahr bleiben steuerfrei. Logischerweise entfällt dann aber auch der Werbungskostenabzug.

TIPP 6: Privat statt Gewerbe

Die Grenzen zwischen privater und gewerblicher Vermietung sind fließend. Bietest du neben einem Zimmer in deiner Wohnung keine weiteren Dienstleistungen an, bist du privater Vermieter. Die Gewerbesteuer würde erst dann ein Thema, wenn das kurzzeitige Vermieten an Touristen ein berufliches Standbein wird und mit einer Pension oder einem Hotel vergleichbar wäre. Dann müsstest du bei deiner Stadtverwaltung ein Gewerbe anmelden. Tatsächlich Gewerbesteuer zahlen müsstest du aber erst, wenn deine Einnahmen den Freibetrag von 24 500 Euro pro Jahr übersteigen.

Extra-Tipp: Bis zu 17 500 Euro Bruttoeinnahmen im Jahr kannst du dich als Kleinunternehmer vom Finanzamt von der Umsatzsteuerpflicht befreien lassen.

WANN ZAHLT DIE VERSICHERUNG?

Niemand kann dich zwingen, bestimmte Versicherungen abzuschließen – schon gar nicht dein Vermieter. Aber darüber nachdenken solltest du schon mal. Neben überflüssigen Policen gibt es nämlich auch solche, die man unbedingt haben sollte – und die bezahlbar sind.

Wo du guten Schutz für wenig Geld bekommst, erfährst du am besten mit den Tests der Stiftung Warentest. Auf test.de veröffentlichen wir regelmäßig aktuelle Untersuchungen, auf die du für wenig Geld zugreifen kannst.

Was ist passiert? Es tropft von deiner Decke, weil in der Wohnung darüber der Waschmaschinenschlauch geplatzt oder die Badewanne übergelaufen ist.

Was ist zu tun? Fotografier den Schaden. Zerstörte Einrichtungsgegenstände wie Möbel, Teppiche oder Tapeten würde eine Hausratversicherung ersetzen. Diese ersetzt den Wiederbeschaffungswert, also den Kaufpreis. Die Privathaftpflicht des Verursachers zahlt dagegen nur den Zeitwert.

Fazit Eine Hausratpolice ist sinnvoll, sobald du wertvolle Sachen besitzt. Wähle am besten einen Tarif mit Pauschaldeckung, damit du im Schadensfall nicht unterversichert bist.

Was ist passiert? Du hast einem Freund Rotwein auf den Teppich gekippt, mit der Zigarette ein Loch ins Sofa gebrannt oder sein Didgeridoo geschrottet.

Was ist zu tun? Wer anderen einen Schaden zufügt, ist verpflichtet, ihn zu ersetzen. Eine private Haftpflichtversicherung (ab 50 Euro im Jahr) springt in solchen Fällen ein und übernimmt die Kosten. Auch hier helfen aussagekräftige Fotos.

Fazit Eine Privathaftpflichtpolice braucht jeder. Sonst kann schon ein kleiner Fehler den finanziellen Ruin bedeuten. Schließ einen Vertrag mit mindestens 10 Millionen Euro Versicherungssumme für Personen- und Sachschäden ab.

Einbruch

Was ist passiert? Durch eine verschlossene Tür oder ein verschlossenes Fenster sind Einbrecher in deine Wohnung eingedrungen und haben Hausrat und Wertsachen gestohlen.

Was ist zu tun? Informiere sofort Polizei und Hausratversicherung und übergib ihnen innerhalb weniger Tage eine Liste der gestohlenen Sachen. Mach möglichst Fotos von Schäden. Bevor du diese beseitigst, kläre mit der Versicherung, ob sie einen Mitarbeiter vorbeischicken will, der vorher alles begutachtet.

Fazit Schließ eine Police ab, wenn du nach einem Einbruch nicht genug Geld hättest, um dir gestohlene Sachen neu zu kaufen.

Fahrraddiebstahl

Was ist passiert? Dein angeschlossenes Fahrrad wurde nachts auf der Straße, aus dem Fahrradraum deines Mietshauses oder dem Kellerverschlag gestohlen.

Was ist zu tun? In abgeschlossenen Räumen, also Wohnung, Keller, Garage, ist das Rad durch die Hausratversicherung geschützt. Auf der Straße greift der Schutz meist nicht, du kannst jedoch einen Zusatzbaustein „Fahrraddiebstahl" buchen. Dann zahlt die Versicherung bis zu einem Maximalbetrag, meist 1 Prozent der Versicherungssumme.

Fazit Hast du ein sehr teures Bike, kommt eine spezielle Fahrradversicherung infrage, die bei Diebstahl den vollen Wert ersetzt.

Haushaltsunfall

Was ist passiert? Du bist beim Malern von der Leiter gefallen, beim Kochen mit dem Messer abgerutscht oder hast mit Grillanzünder eine Stichflamme erzeugt.

Was ist zu tun? Lass die Schwere der Verletzung unbedingt vom Arzt abklären. Im Normalfall bist du über die Krankenversicherung geschützt, bei bleibenden Schäden (Invalidität) würden nur eine private Unfall- oder eine Berufsunfähigkeitsversicherung zahlen. Da Letztere auch bei Krankheitsfolgen einspringt, ist sie die wichtigere Police.

Fazit Eine Berufsunfähigkeitsversicherung sollte jeder abschließen. Dann kannst du dir die private Unfallversicherung sparen.

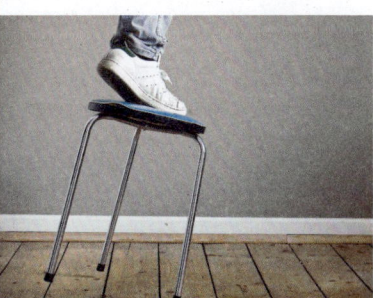

Hausarrest im Zeitfenster
Findest du keine andere Möglichkeit,
musst du die Wartezeit selbst absitzen –
ist ja nur ein- oder zweimal im Jahr
und auf jeden Fall besser, als den
Termin einfach zu ignorieren.

ABLESENLASSEN FÜR LÄSSIGE

Bei Menschen, die tagsüber nicht zu Hause sind oder zwischendurch weg müssen, löst die Ankündigung Unruhe aus: In zwei Wochen kommt der Ableser – natürlich irgendwann zwischen 9 und 12 Uhr – und du kannst beim besten Willen um diese Zeit nicht zu Hause sein? Keine Panik: Du findest schon eine Lösung. Den Kopf in den Sand zu stecken, ist jedenfalls keine.

Zähler im Keller? Kläre zuerst, ob der Ableser überhaupt in deine Wohnung muss. In vielen Häusern befinden sich die Strom-, Wasser- oder Wärmezähler im Keller. Ist der Zählerraum verschlossen, muss sich der Ableser vorher selbst den Schlüssel besorgen, zum Beispiel bei der Hausverwaltung. Manche Häuser verfügen über einen Schlüsseltresor, zu dem Handwerker und Ableser Zugang haben.

Neuen Termin vereinbaren? Ist der betreffende Zähler in deiner Wohnung und weißt du schon, dass du zum angegebenen Tag nicht zu Hause bist, kannst du die Ablesefirma anrufen und kostenfrei einen neuen Termin vereinbaren. Einfach nicht zu reagieren oder den Zutritt zur Wohnung zu verweigern ist dagegen keine gute Idee. Wenn es übel läuft, stellt dir der Ableser Anfahrtskosten in Rechnung. Außerdem riskierst du, dass dein Verbrauch geschätzt wird und du unterm Strich draufzahlst.

Selbst ablesen? Ist die Terminfindung schwierig, frage nach, ob du selbst die Wasseruhr oder den Stromzähler ablesen und die Werte per E-Mail oder Post an den Ablesedienst schicken kannst. Ab und zu von sich aus auf den Zähler zu gucken, ist ohnehin sinnvoll. Willst du irgendwann zum Beispiel die Heizkostenabrechnung deines Vermieters anfechten, reicht es nicht, einfach zu behaupten, dass sie nicht stimmt: Spätestens vor Gericht musst du eigene Ablesewerte präsentieren können.

Nachbar daheim? Alles keine Option? Dann gib dir einen Ruck und klingele bei einem, falls nötig auch bei mehreren Nachbarn. Vielleicht hat der ältere Herr Zeit, der immer deine Pakete annimmt? Eventuell kann auch der freischaffend tätige Freund ein paar Straßen weiter sein Homeoffice mal in deine Wohnung verlegen? Wer sich einen Putzdienst leistet, kann auch versuchen, diesen auf den betreffenden Tag zu legen. Übrigens: In manchen neueren Wohnungen melden die Messgeräte den Verbrauch bereits per Funk. Frag einfach mal den Vermieter.

DAUERKIPP?

DIE FEUCHTIGKEIT MUSS RAUS, doch für einen Luftaustausch sorgst du nicht, indem du Fensterflügel nur kippst.

Die Luftfeuchtigkeit in Wohnräumen sollte bei etwa 40 bis 50 Prozent liegen. Kauf dir am besten ein **LUFTFEUCHTEMESSGERÄT** („Hygrometer"), das du ab ca. 15 Euro im Baumarkt bekommst.

Als Mieter bist du verpflichtet, angemessen zu lüften. Hast du erst **SCHIMMEL** in der Wohnung, droht Streit mit dem Vermieter, denn dieser wird dir unter Umständen die Schuld dafür geben.

FRISCHE LUFT HEREINLASSEN und es trotzdem warm haben – der Traum verfrorener Zeitgenossen. Der Haken an der Sache: Dauerhaftes Kipplüften reicht nicht aus, um die verbrauchte und feuchte Zimmerluft gegen frische und trockene von draußen auszutauschen. Folge des Dauerkippens: Die im Raum bleibende Feuchtigkeit schlägt sich an den kühlen Wänden nieder und verursacht dort Schimmel. Auch der Bereich über dem Fenster ist vor allem im Winter akut schimmelgefährdet, da er bei gekipptem Fensterflügel stark auskühlt.

DURCHZUG!

FENSTER AUF UND REIN MIT DER LUFT – dann ist die Sache
in zehn Minuten erledigt. Das Ganze bitte viermal am Tag.

Ist es im Winter
ZU WARM in der Woh-
nung, dann reiß nicht die
Fenster auf, sondern dreh
die Heizung herunter –
das spart jede Men-
ge Geld.

Falls du Durchzug
zwischen mehreren
Räumen herstellst, sichere
OFFENE TÜREN gegen Zu-
knallen, indem du einen
schweren Gegenstand
davorstellst.

DU MUSST DICH JA NICHT mitten in den Luft-
zug stellen, doch das „Stoßlüften" ist die effek-
tivste Methode, Feuchtigkeit loszuwerden –
und das drei- bis viermal pro Tag für jeweils
zehn Minuten. Im Winter reichen eventuell auch
fünf. Besonders beim Kochen und Duschen
steigt die Luftfeuchtigkeit rapide an – lass das
verdampfte Wasser dann schnell wieder raus.
Schlagen sich an Fensterscheiben Tröpfchen
nieder, heißt es ebenfalls: Fenster auf! Hast du
kein Fenster im Bad, dann öffne die Tür und
das nächste verfügbare Fenster.

HEIZEN: NUR HEISSE LUFT?

Warme Luft nimmt mehr Feuchtigkeit auf als kalte. Klingt nach dem Grundkurs Physik, den du nie hattest? Macht nichts: Es ist nie zu spät, das zu lernen – und höchste Zeit dafür, wenn sich erste Schimmelspuren zeigen, etwa an der Decke im Bad. Die lassen sich noch mit überschaubarem Aufwand beseitigen (siehe S. 215) – hat sich Schimmel dagegen erst mal so richtig eingenistet, ist es mit Wegwischen nicht mehr getan. Ungesunder Raumluft und unschönen Streitereien mit dem Vermieter kannst du vorbeugen, indem du richtig heizt.

TIPP 1: Heize dein Badezimmer

Heizen sorgt dafür, dass das anschließende Lüften besonders wirksam ist. Mit der verbrauchten Raumluft gelangt jede Menge Feuchtigkeit nach draußen. Willst du etwa dein schimmelgefährdetes Bad so richtig trockenlüften, dann sorge dafür, dass vorher die Heizung aufgedreht ist. Im Idealfall sollte das Badezimmer mit 21 bis 24 Grad der wärmste Raum der Wohnung sein.

Extra-Tipp: Hat dein Bad kein Fenster, dann wählst du beim Lüften den kürzesten Weg über ein anderes Zimmer. Öffne dort das Fenster und schließ alle anderen Türen. Nur das – meist relativ kühle – Schlafzimmer solltest du dabei herauslassen, sonst verlagerst du die Schimmelgefahr nur in einen anderen Raum.

TIPP 2: Checke Wärme und Feuchte

Über den Daumen gepeilt lässt sich sagen: Die meisten Menschen empfinden eine Raumtemperatur von 19 bis 22 Grad als angenehm – bei einer relativen Luftfeuchte von 35 bis 60 Prozent. Hältst du diese Werte in etwa ein, sollte Schimmel keine Chance haben. Aber so warm muss es gar nicht überall in der Wohnung sein – besonders, wenn man weiß, dass jedes Grad weniger Temperatur 6 Prozent Heizkosten spart. Deshalb: Heize Wohn- und Esszimmer auf rund 20 Grad. In der Küche kann es 1, 2 Grad kühler sein, in Flur und Schlafzimmer reichen sogar 16 Grad. Achtung: Sinkt die Temperatur unter 16 Grad, kondensiert Luftfeuchte an den Wänden und die Schimmelgefahr steigt.

Extra-Tipp: Ist dir die empfohlene Raumtemperatur zu hoch oder zu niedrig, kannst du auch über deine Kleidung für Ausgleich sorgen. Natürlich müssen Frostbeulen nicht zu Jacke und Mütze greifen, sondern drehen einfach die Heizung weiter auf.

TIPP 3: Nie ganz auf null drehen

Auch wenn du das Haus tagsüber verlässt – dreh den Thermostatregler nie ganz herunter. Es kostet mehr Energie, ein ausgekühltes Zimmer zu heizen, als die Temperatur von „noch erträglich" auf „schön warm" zu erhöhen. Umgekehrt sollten Heizkörper nicht ständig auf Hochtouren laufen. Mindestens die Frostwächter-Stellung (Sternchen am Thermostat) sollte es aber sein. Übrigens: Eine clevere Erfindung sind programmierbare Thermostatventile: Sie sparen bis zu 10 Prozent Heizkosten und wenn du morgens ins Bad oder abends nach Hause kommst, ist es dort schon warm. Halte dich einfach an die Montagebeschreibung. Dann kannst du dich beim Anbringen der Ventile nicht mit heißem Wasser verbrühen.

TIPP 4: Fenster falls nötig abdichten

Zieht es, weil Fenster oder Balkontür nicht dicht sind, kann das bis zu 20 Prozent der Heizenergie kosten. Kauf dir in solch einem Fall im Baumarkt Profildichtungen. Sie sind wirksamer als einfache Schaumstoffbänder und kosten nicht die Welt. Zugluftstopper in Tiergestalt bringen dagegen herzlich wenig.

Extra-Tipp: Sind die Fenster mit Außenjalousien ausgestattet, dann schließ diese nachts, damit möglichst wenig Wärme über Fensterflächen sowie durch Ritzen und Fugen entweichen kann.

TIPP 5: Freiheit für Heizkörper

Nur die wenigsten Heizkörper haben einen Schönheitspreis verdient. Sie deshalb hinter Vorhangen, Sofas oder Kommoden zu verstecken, ist keine Lösung. Um ihre Wärme an die Raumluft abgeben zu können, benötigen sie mindestens 1 Meter Platz. So sorgen vor dem Heizkörper hängende Gardinen für einen Wärmestau. Folge: Die Heizungsanlage stoppt die Warmwasserzufuhr, obwohl der Raum noch gar nicht warm ist.

TIPP 6: Wand mit Alufolie dämmen

Auch durch Abstrahlung nach hinten geht viel Energie verloren. Außenwände sind vor allem in Altbauten nicht ausreichend gedämmt, um Wärme in der Wohnung zu halten. Eine nachträgliche Wärmedämmung Marke Eigenbau schafft hier Abhilfe: Im Baumarkt bekommst du Styropormatten mit Aluminiumbeschichtung. Diese kannst du mit Styroporkleber wie eine Tapete aufkleben oder als Platte anbringen – der Lohn sind bis 5 Prozent Heizkostenersparnis.

Extra-Tipp: Befindet sich der Heizkörper sehr dicht an der Wand, ist eine dünne Dämmfolie mit Aluminiumkaschierung eine Alternative. Diese solltest du aber nicht ankleben, sondern nur hinter den Heizkörper klemmen.

TIPP 7: Heizkörper entlüften

Wird ein Heizkörper nicht richtig warm, ist meist Luft die Ursache. Zum Entlüften kaufst du dir im Baumarkt einen Heizkörperschlüssel. Dreh die Heizung herunter, warte eine Viertelstunde und setz dann den Schlüssel an das Entlüftungsventil. Es befindet sich auf der anderen Seite des Heizkörpers, gegenüber vom Thermostatkopf. Dreh den Schlüssel langsam nach links. Halte vorsichtshalber ein Glas darunter. Entweicht keine Luft mehr, drehst du den Schlüssel wieder nach rechts.

Zu dick gedämmt?
Schimmelt die Wand trotz regelmäßigen Lüftens und Heizens, muss im Streitfall der Vermieter beweisen, dass die Ursache nicht die Bausubstanz ist.

HILFE, BEI MIR SCHIMMELT'S!

Ob auf Wänden, Lebensmitteln oder der Erde der Zimmerpflanzen – zeigt sich in deiner Wohnung Schimmel, solltest du ihm zu Leibe rücken. Je eher, desto besser. Joghurt, Obst oder Brot wirfst du weg, Topferde tauschst du aus – am besten im Freien. Willst du Schimmel von der Tapete, dem Putz oder aus Mörtelfugen entfernen, solltest du ein paar Dinge beachten.

Ursache erforschen Schimmel ist ein Zeichen für zu hohe Feuchtigkeit. Versuche zu klären, wo sie herkommt. Häufige Ursachen sind falsches Lüften (S. 210) und Heizen (siehe S. 212). Eventuell führen aber auch Baumängel dazu, dass die Raumluft an einer kalten Außenwand kondensiert, was ebenfalls zu Schimmel führt. Findest du die Ursache nicht und kommt der Schimmel immer wieder, informiere deinen Vermieter, bevor die Bausubstanz leidet.

Flecken einpinseln Lokal begrenzten und oberflächlichen Schimmel bekämpfst du, indem du 70-prozentigen Isopropylalkohol aus der Apotheke mit einem Pinsel auf die befallene Stelle tupfst – auch Brennspiritus eignet sich dafür. Dann lässt du die Stelle trocknen und pinselst sie erneut ein. Nach 30 Minuten wischst du den Fleck vorsichtig mit Papiertüchern oder einem ausgedienten Lappen ab und entsorgst diesen sofort in einer Plastiktüte. Für stärker befallene Problemzonen eignen sich Anti-Schimmel-Mittel aus dem Baumarkt.

Tapete runter! Bei Schimmelflecken auf und unter Tapeten hilft nur: Runter damit! Dazu befeuchtest du die Tapete mit einem Anti-Schimmel-Mittel (zum Beispiel 70-prozentigem Isopropylalkohol), lässt diesen einwirken, ziehst die Tapete vorsichtig ab und entsorgst sie in einer Plastiktüte. Benutze beim Entfernen von Schimmel grundsätzlich Gummihandschuhe, Atemmaske und Schutzbrille und öffne das Fenster. Danach heißt es: gründlich staubsaugen, Staubsaugerfilter wechseln sowie Haare und Kleidung waschen.

Fugen behandeln Zeigen sich an Badwand und in Fliesenfugen dunkle Schimmelspuren, verwende ein Anti-Schimmel-Mittel mit Bleichwirkung, also etwa Wasserstoffperoxid (H_2O_2). Das tötet den Pilz nicht nur ab, sondern hellt auch die dunklen Pilzstrukturen im Untergrund etwas auf. Danach schrubbst du die Stellen mit Scheuermilch und trägst erneut das Schimmelmittel auf. Schimmlige Silikonfugen solltest du zügig erneuern lassen.

Irgendwann ist jedes Buch zu Ende. Willst du über bestimmte Themen mehr erfahren oder suchst du einen Dienstleister für den Haushalt? Auf den nächsten Seiten findest du Adressen von nützlichen Websites mit ergänzenden Informationen. Zudem kannst du über das Stichwortverzeichnis direkt auf Inhalte zugreifen.

SERVICE

RAT UND HILFE PER MAUSKLICK

www.test.de Ob Matratze oder Notebook, Wandfarbe oder Olivenöl – auf der Website der Stiftung Warentest findest du viele aktuelle Tests aus den Bereichen Haushalt, Multimedia und Ernährung. Für die wichtigsten Haushaltsgeräte wie Waschmaschine, Geschirrspüler und Staubsauger gibt es fortlaufend aktualisierte Datenbanken – sogenannte Produktfinder. Diese bieten gegen eine geringe Gebühr Zugriff auf Testergebnisse, Ausstattungsmerkmale und Preise für alle getesteten und noch erhältlichen Modelle der jeweiligen Produktkategorie. Nachrichten zu aktuellen Themen, Trends und Urteilen sind in der Regel kostenlos abrufbar.

www.verbraucherzentrale.de Auf dem Internetportal der Verbraucherzentrale findest du kostenlos aktuelle Informationen, unter anderem zu den Themen Geld und Versicherungen, Energie, Umwelt und Digitales. Möchtest du dich kostenpflichtig persönlich oder telefonisch beraten lassen, zum Beispiel zu einem Rechtsproblem, kannst du dich auf die Seite deiner nächstgelegenen Verbraucherzentrale durchklicken und dir dort Sprechzeiten, Rufnummern und Preise anzeigen lassen bzw. online einen Termin vereinbaren.

www.mieterbund.de Der Deutsche Mieterbund (DMB) und die 320 örtlichen Mietervereine an 500 Standorten arbeiten als Interessenvertreter von Mietern. Die Mietervereine bieten für ihre Mitglieder umfassende persönliche Rechtsberatung an – ob zur Betriebskostenabrechnung, Mieterhöhung, Wohnungsmängeln oder Kündigung. Die Erstberatungs-Hotline 0900/1 20 00 12 (10 – 20 Uhr, 2 Euro/Min. aus dem dt. Festnetz) sowie die Online-Beratung unter mieterbund24.de (25 Euro pro Anfrage) stehen gegen Gebühr auch Nichtmitgliedern offen. Eine Mitgliedschaft kostet – je nach Mieterverein – in der Regel zwischen 5 und 10 Euro im Monat.

www.anwaltauskunft.de Auf dem Rechtsportal des Deutschen Anwaltvereins (DAV), der Interessenvertretung der Rechtsanwälte in Deutschland, kannst du nach einem Mietrechtsanwalt in deiner Nähe suchen. Gib dazu am besten deine Postleitzahl oder den Ortsnamen sowie das Rechtsgebiet „Mietrecht" ein.

www.bundderversicherten.de Der Bund der Versicherten (BdV) informiert auf unabhängiger Basis über aktuelle Entwicklungen im Bereich Versicherungen und berät

seine Mitglieder zu allen Fragen im Zusammenhang mit privaten Versicherungen. Zudem bietet der BdV seinen Mitgliedern verbraucherfreundliche Gruppenverträge an und führt in deren Auftrag Musterprozesse gegen Versicherer. Der Jahresbeitrag für Mitglieder beträgt 60 Euro, bis zum 25. Geburtstag 30 Euro. Die Aufnahmegebühr liegt bei 8 Euro.

www.dassicherehaus.de Die meisten Unfälle passieren in den eigenen vier Wänden. Die Aktion „Das sichere Haus" bietet kostenlos umfangreiche Informationen zu Sicherheit und Gesundheit in Haushalt, Heim und Freizeit. So kannst du dir unter anderem Broschüren zu den Themenbereichen Haushalt, Heimwerken und sichere Produkte herunterladen, bekommst Tipps zum umsichtigen Arbeiten mit der Bohrmaschine und erfährst, woran du hochwertiges Werkzeug erkennst.

www.umweltbundesamt.de Das Umweltbundesamt informiert auf seiner Website unter anderem zu den Themenbereichen Klima/Energie, Abfall/Ressourcen und Chemikalien. Unter dem Menüpunkt „Tipps" findest du detaillierte Informationen zu den Themen Elektrogeräte (z.B. Batterien und

Akkus, Herd und Bügeleisen), Haushalt und Wohnen (z.B. Altglas, Ökostrom und Wäsche waschen) sowie Essen und Trinken (z.B. Bio-Lebensmittel, Lebensmittelabfälle und Trinkwasser).

www.bfs.de Die Website des Bundesamtes für Strahlenschutz liefert beispielsweise Informationen zu elektromagnetischen Feldern im Haushalt, wie sie unter anderem Smartphones, Schnurlostelefone, WLAN-Router aber auch normale Stromleitungen erzeugen. Zusätzlich findest du Tipps, wie (un-)gefährlich welche Strahlung ist und wie du dich zum Beispiel durch dein Telefonierverhalten vor ihr schützen kannst.

www.bfr.bund.de „Risiken erkennen – Gesundheit schützen" – unter diesem Motto widmet sich das Bundesamt für Risikobewertung (BfR) dem Verbraucherschutz in den Bereichen Gesundheit und Lebensmittelsicherheit. Das Online-Angebot des BfR umfasst zum Beispiel Informationen zur Bewertung mikrobieller Risiken von Lebensmitteln, aber auch zur Produktsicherheit von Waschmitteln und Textilien.

www.blauer-engel.de Der Blaue Engel ist das Umweltzeichen der Bundesregierung zum Schutz von Mensch und Umwelt. Ungefähr 12 000 umweltfreundliche Produkte und Dienstleistungen tragen

dieses Zeichen. Auf ihrer Internetseite gibt die Initiative zahlreiche Tipps zu den Bereichen Alltag und Wohnen, Elektrogeräte sowie Bauen und Heizen. Du erfährst unter anderem, warum Küchenrollen aus Altpapier besser sind, was ein umweltfreundlicher Staubsauger können sollte und warum manche Wandfarben die Gesundheit schädigen können.

www.nebenan.de Online-Communities, mit deren Hilfe sich Nachbarn virtuell vernetzen, können persönliche Kontakte nicht ersetzen – aber dennoch sehr nützlich sein. Auf nebenan.de gibst du deine Postleitzahl ein und kannst dich dann einem bestehenden Netzwerk anschließen oder selbst eines für deine Hausgemeinschaft oder den Straßenzug gründen. Kostenlos Möbel abstauben, schnell einen Hundesitter finden oder sich ab und zu zum abendlichen Joggen verabreden – (fast) alles ist hier möglich. Weitere Anbieter sind nextdoor.de, lokalportal.de und nachbarschaft.net.

www.myhammer.de Einen Auftrag einstellen, Angebote verschiedener Firmen erhalten und unter ihnen das beste auswählen – so funktionieren Handwerkerportale. Egal, ob du deine Wohnung renovieren, in einem Zimmer Laminat verlegen oder Probleme mit dem Heimnetzwerk beheben lassen willst – hier kannst du Gesuche

kostenlos einstellen, den Bewerbungszeitraum festlegen und schon im Vorfeld Details zur Auftragsabwicklung klären. Weitere Anbieter sind etwa blauarbeit.de und deinehelfer24.de.

www.heimwerker.de Bauen und Basteln in Haus und Garten – fast alles rund um diese Themen findest du auf DIY-Portalen wie heimwerker.de. Ob Möbel selbst bauen, Wände kreativ gestalten oder Partyschmuck basteln – hier gibt es jede Menge Hintergrundwissen, Illustrationen, sowie detaillierte Anleitungen in Text und Bildern zu fast allen denkbaren Vorhaben und Ideen. Weitere nützliche Heimwerkerportale sind selbst.de, baumarkt.de, diybook.de und renovieren.de.

www.telefonseelsorge.de Das Problem Einsamkeit nimmt vor allem in Großstädten immer mehr zu. Gerade für Zugezogene ist es oft nicht einfach, Kontakte zu knüpfen. Wer irgendwann keinen Rat mehr weiß und niemanden zum Reden hat, findet rund um die Uhr ein offenes Ohr bei der Telefonseelsorge. Anrufe sind hier kostenlos, der Anrufer bleibt anonym und sein Problem wird in jedem Fall vertraulich behandelt. Ergänzend zum Telefon besteht für Hilfesuchende auch die Möglichkeit, sich per E-Mail oder in einem Chat beraten zu lassen.

STICHWORTVERZEICHNIS

© 2018 Stiftung Warentest, Berlin

Stiftung Warentest
Lützowplatz 11–13
10785 Berlin
Telefon 0 30/26 31–0
Fax 0 30/26 31–25 25
www.test.de
email@stiftung-warentest.de

USt-IdNr.: DE 136725570

Vorstand: Hubertus Primus
Weitere Mitglieder der Geschäftsleitung:
Dr. Holger Brackemann, Daniel Gläser

Programmleitung: Niclas Dewitz

Autor: Christian Eigner, Berlin
Projektleitung: Lisa Frischemeier

Lektorat: Kirsten Schiekiera, Berlin
Korrektorat: Nicole Woratz, Berlin
Mitarbeit: Merit Niemeitz, Michael Koswig, Eugénie Zobel-Kowalski
Titel, Art Direktion, Layout, Satz: Büro Brendel, Berlin
Fotografie: Knut Koops, Berlin
Bildnachweis: Olaf Leillinger 156; Photocase 82, 142, 186; Plainpicture 22; Shutterstock 62, 63, 165; Stiftung Warentest 126; Thinkstock 11, 17, 19, 24, 25, 38–41, 62, 63, 76, 88, 94, 118, 122, 123, 134, 135, 150, 157, 164, 168, 184, 185, 195, 206–208, 214
Illustrationen/Infografiken: Florian Brendel 2, 3, 21, 30
Produktion: Vera Göring
Verlagsherstellung: Rita Brosius (Ltg.), Romy Alig, Susanne Beeh
Litho: tiff.any, Berlin
Druck: Media-Print Informationstechnologie GmbH, Paderborn

ISBN: 978-3-86851-286-1

Wir haben für dieses Buch 100 % Recyclingpapier und mineralölfreie Druckfarben verwendet. Stiftung Warentest druckt ausschließlich in Deutschland, weil hier hohe Umweltstandards gelten und kurze Transportwege für geringe CO_2-Emissionen sorgen. Auch die Weiterverarbeitung erfolgt ausschließlich in Deutschland.